RITA ROSENMAYER

DIDEROT

OBRAS III

O SOBRINHO DE RAMEAU

Coleção Textos – Dirigida por
João Alexandre Barbosa
Roberto Romano
Trajano Vieira
J. Guinsburg

Equipe de realização – Preparação de texto: Marcio Honorio de Godoy; Revisão: Soluá Simões de Almeida; Ilustrações: Rita Rosenmayer; Diagramação: Sergio Kon; Capa: Adriana Garcia; Produção: Ricardo W. Neves e Raquel Fernandes Abranches.

DIDEROT

OBRAS III
O SOBRINHO DE RAMEAU

J. GUINSBURG
Organização, Tradução e Notas

ROBERTO ROMANO
Introdução

PERSPECTIVA

Dados Internacionais de Catalogação na Publicação (CIP)
(Câmara Brasileira do Livro, SP, Brasil)

Diderot, Denis, 1713-1784.
Diderot : Obras III : O Sobrinho de Rameau / Denis Diderot ; J. Guinsburg organização, tradução e notas. – São Paulo : Perspectiva, 2006. – (Coleção textos ; 12)

Título original : Le neveu de Rameau
Bibliografia.
ISBN 85-273-0760-X

1. Diderot, Denis, 1713-1784. O Sobrinho de Rameau – Crítica e interpretação 2. Sátira francesa I. Guinsburg, J.. II. Título. III. Série.

06-4172 CDD-847.09

Índices para catálogo sistemático:
1. Sátira : Literatura francesa : História e crítica
847.09

EDITORA PERSPECTIVA S.A.
Av. Brigadeiro Luís Antônio, 3025
01401-000 – São Paulo – SP – Brasil
Telefax: (0--11) 3885-8388
www.editoraperspectiva.com.br
2006

SUMÁRIO

CRONOLOGIA

1713 – Nasceu em Langres, em uma família de artesãos abastados (o pai é mestre cuteleiro).

1726 – Destinado pela família à carreira eclesiástica, estudou com os jesuítas, em Langres e foi tonsurado.

1726 – Prossegue os estudos em Paris, no colégio de Harcourt.

1728 – Recebe o grau de bacharel em Artes pela Universidade de Paris.

1742 – Trava amizade com Jean-Jacques Rousseau e Grimm.

1743 – Casa-se com Anne-Toinette Champion, contra a vontade do pai.

1746 – O editor Lebreton contrata-o para traduzir a *Cyclopaedia* de Chambers.

1747 – É encarregado, com d'Alembert, de dirigir a redação da *Encyclopédie* (Enciclopédia).

1749 – É detido e encarcerado em Vincennes por causa da publicação de *Lettre sur les aveugles* (Carta Sobre os Cegos).

1751 – Sai o primeiro volume da *Enciclopédia*. Entre os seus verbetes mais célebres e de grande repercussão pública, figura o artigo sobre a "Autoridade Política".

Publica *Lettre sur les sourds et muets* (Carta Sobre Surdos e Mudos) e suas *Additions* (Adições).

1753 – Nascimento da filha, Marie-Angélique.

1756 – Liga-se a Sophie Volland.

1757 – Aparece o tomo VII da *Enciclopédia*. O artigo "Genebra", provoca vivos protestos do partido devoto e o rompimento com Rousseau.

1758 – Aparece *De la poésie dramatique* (Da Poesia Dramática), cujo capítulo final discorre sobre "Autores e Críticos".

1759 – A *Enciclopédia* é condenada como subversiva pelo Parlamento. O rei revoga a licença de impressão e ordena a queima dos sete volumes publicados. O Papa coloca a obra no *Index*. Os manuscritos em poder do Enciclopedista são apreendidos, mas seu amigo Malesherbes, chefe da polícia, os esconde em sua casa. Diderot lança-se à crítica de Arte, iniciando *Les Salons* (Os Salões), série de nove ensaios publicados até 1781.

1760 – Possível início da composição de *Jacques le fataliste* (Jacques, o Fatalista), cuja redação parece ter se estendido, intermitentemente, até 1780.

1761 – Julga-se que neste ano ou em 1762, Diderot começou a redigir *Le neveau de Rameau* (O Sobrinho de Rameau), obra cujo término é situado entre 1775 e 1776.

1762 – Edição de *Éloge de Richardson* (Elogio a Richardson).

1765 – Os dez últimos tomos da *Enciclopédia*, impressos secretamente na Holanda, aparecem com endereço falso. Catarina II compra a biblioteca de Diderot, para que ele possa prover o dote de casamento da filha.

1766 – Término do *Salão de 1765*, que inclui o escrito intitulado "Fragonard" e os "Essais sur la peinture" (Ensaios Sobre a Pintura), editados separadamente em 1795.

1769 – Composição do *Entretien entre d'Alembert et Diderot* (Diálogo entre d'Alembert e Diderot), do *Rêve de d'Alembert* (O Sonho de d'Alembert) e dos *Principes philosophiques sur la matière et le mouvement* (Princípios Filosóficos Sobre a Matéria e o Movimento). "Regrets sur ma vieille robe de chambre" (Lamentações

Sobre Meu Velho Robe), fragmento do *Salão de 1767*, é divulgado pela *Correspondance littéraire*.

1771 – A *Correspondance littéraire* difunde o *Entretien d'un père avec ses enfants* (Colóquio de um Pai com Seus Filhos).

1772 – Aparece *Sur les femmes* (Sobre as Mulheres). Conclusão de *Ceci n'est pas un conte* (Isto não é um Conto) e *Mme de La Carlière*. Primeira versão do *Supplément au Voyage de Bougainville* (Suplemento à Viagem de Bougainville). Edição de *Traité du beau* (Tratado Sobre o Belo).

1773 – Esboça o *Paradoxe sur le comédien* (Paradoxo Sobre o Comediante), viaja para a Rússia e para a Holanda.

1774 – Delineia o *Entretien d'un philosophe avec Mme la maréchale* (Colóquio com a Marechala).

1784 – Diderot morre em Paris, no dia 30 de julho.

Diderot, óleo sobre tela de D. G. Levitski, 1773-1774.

DIDEROT NAS VIELAS DAS LUZES OU O SOBRINHO DE RAMEAU

*Roberto Romano**

A tradução do *Sobrinho de Rameau* elaborada por Jacó Guinsburg representa um importante acréscimo à literatura filosófica no Brasil. A coleção das *Obras* diderotianas – inédita no país – se enriquece e os estudiosos nela encontram não apenas um refinado texto coberto pelo tecido da língua portuguesa, mas também as tensões e dissonâncias, o brilho e a inteligência do original. Jacó Guinsburg pratica, no trabalho que hoje vem à luz, o mais importante preceito retórico, seguido na escrita moderna de escol. Ele aproxima, com felicidade incomum, as práticas da *enargeia* e da *energeia*. O *Sobrinho de Rameau* segue o mandamento poético e retórico que exige a reunião daquelas técnicas e sentidos. Nele, tudo se move, tudo é novo, tudo surpreende, tudo comove, tudo leva à indignação e ao encanto.

*. Professor de Filosofia na Unicamp. Autor de *Conservadorismo Romântico. Origem do Totalitarismo*, São Paulo, Editora da Unesp, 1997, 2ª ed., *Silêncio e Ruído. A Sátira em Denis Diderot*, Campinas, Editora da Unicamp, São Paulo, Perspectiva, 2001 e *O Desafio do Islã*, São Paulo, Perspectiva, 2004.

No *Thesaurus Graecae Linguae*, o humanista Henry Estienne apresentou os termos equivalentes a *enargeia* e a *energeia*. Para o primeiro, *illustratio* e *actio* para o segundo. A "tradução" de Estienne é falsa? Verdadeira? Em qual plano ela se confirma ou pode ser negada? Apesar das longas discussões estabelecidas pelos eruditos, o fato cultural é inconteste: *illustratio* pretende trazer ao leitor alheio ao grego o que Aristóteles intitula "metáfora ativa", o poder de certas figuras poéticas de animar palavras, nelas infundindo a vida, ação esvoaçante. Como diz Rabelais no Quarto Livro, no episódio das palavras congeladas[1], para Aristóteles "as palavras de Homero saltam, voam,

1. "Comment en haulte mer Pantagruel ouyt diverses parolles degelées", *Pantagruel* capítulo LV, in Rabelais, *Oeuvres complètes*, Paris: Gallimard/ Pléiade, 1938, p. 713. Os recursos estilísticos de Rabelais e Diderot, onomatopéia sobretudo, "coincidem" e se ajustam. Entre muitos casos, falando-se do primeiro, no famoso episódio das palavras congeladas, a metáfora amorosa para indicar o pensamento e o diálogo surge quando Pantagruel recusa a Panurgo a doação de vocábulos novos: "doar palavras é ato dos amantes...". Ao pedido reiterado para que vendesse as mesmas palavras, Pantagruel responde que vender palavras é coisa de advogado. "Eu lhe venderia, ao contrário, o silêncio...". Mas Pantagruel deixa-se convencer e joga sobre o chão de gelo quatro ou cinco punhados de palavras. "E foram vistas palavras picantes, palavras sangrentas [...] palavras horríficas e outras desagradáveis de se enxergar. Nós as ouvimos fundidas, hin, hin, hin, hin, his, tic toque, pisca, brededin bretedac, frr,frrr, frrr, bu, bu, bu,bu,bu, bu, bu, bu, traccc, trac, trr, trr, trrr, trrrrrr, On, on, on, on ouououououououon: gótico, matagótico, e não sei quais outras palavras bárbaras, e dizia que eram vocábulos de hurros e relinchos de cavalos na hora do choque nos combates e depois ouvimos outras palavras grandes que soavam ao degelar, umas como tambores e pifanos, outros como trombetas..." [Livro Quarto, capítulo LVI, ed. cit., p. 715, a "tradução", se tal palavra for perdoada, é minha]. "Não é que eu me preocupe com o caro tio, pois caro ele custa. É uma pedra. Ele poderia me ver com a língua de fora um palmo, que não me daria um copo d'água; mas em vão ele faz na oitava, na sétima, hon, hon, hon; hin, hin; tu, tu; tu-re-lu-tu-tu, com um charivari do diabo; aqueles que começam a entender da coisa, e que não tomam mais uma barulheira por música, jamais se conformarão com isso. [...] Eu te respondo: tarare, ponpon" (na tradução de J. Guinsburg). A mais aguda leitura da retórica de Rabelais por mim conhecida encontra-se nos trabalhos de Timothy Hampton, sobretudo o excelente artigo Signs of Monstrosity. The Rhetoric od Description and the Limits of Allegory in Rabelais and Montaigne,

movem-se e são por conseguinte vivas". A citação da *Retórica* (1412a) por Rabelais define toda uma idéia do mundo, da linguagem, dos sentidos[2]. Tal idéia é copiada literalmente por Diderot no *Sobrinho*, do início ao fim. Basta recordar que o intróito já apresenta o ritmo, as figuras, o movimento esvoaçante do diálogo: "Abandono meu espírito a toda sua libertinagem. Deixo-o senhor da possibilidade de seguir a primeira idéia sábia ou louca que se lhe apresente, tal como se vê na alameda de Foy nossos jovens dissolutos andejar na cola de uma cortesã de ar estouvado, de rosto risonho, olhar vivo, nariz arrebitado, deixando esta por outra, abordando todas e não se prendendo a nenhuma". Num prefácio, evidentemente, não é possível levar muito longe a análise sobre este prisma. Basta mencionar que ele existe e não é muito observado em nossos dias. Passemos a outro ponto.

Raros estudos sobre o *Sobrinho de Rameau* analisam as fontes usadas em sua redação. A maioria limita-se aos infortúnios vividos por Diderot com os adversários – a luta e a vingança do autor contra a tropa dos sicofantas intelectuais – ou ao debate interminável sobre o "Eu" verdadeiro sugerido no texto (o lado escuro do filósofo apareceria no "Ele" malandro). Finalmente, os comentários giram ao redor da identidade correta do vagabundo a quem se dedica o escrito. Todos esses aspectos retomam a evidência: trata-se de uma sátira. E chega a tarefa difícil. De Ernst Curtius aos nossos dias, a tese mais comum indica o modelo horaciano como fonte da façanha efetivada por Diderot. Este parte do homem efetivo, o sobrinho do músico Rameau, e produz um ser monstruoso onde o mundo físico e o

in L. L. Knoppers e J. B. Landes, *Monstrous Bodies/Political Monstrosities in Early Modern Europe*, Ithaca/London: Cornell University Press, 2004, p. 179 e seguintes. Para o relacionamento entre Diderot e Rabelais, cf. Benot, Yves, Rabelais vu par Diderot: Un magasin de masques, na revista *Les lettres françaises*, edição de 26 março de 1953, p. 2.

2. Sigo as interpretações de Glyn P. Norton, *The Ideology and Language of Translation in Renaissance France and their Humanist Antecedents*, Genève: Droz, 1984, sobretudo no capítulo 8, The Translative Energies of Word, p. 259 e ss.

espírito se encontram e se expulsam mutuamente, a música se transforma em cacofonia, a moral veste as roupas do proxenetismo, a hipocrisia passeia sob o silêncio da mímica, a qual duplica a mediocridade aduladora de ricos e poderosos e também esmaga o alento, o talento e a energia dos que tropeçam no "grande agito do mundo" (*grand branle de la terre*). Dança doida bem descrita na *Fenomenologia do Espírito*. O *Sobrinho*, recorde-se, é a única obra ali citada explicitamente.

Segundo Hegel, a originalidade surge do refinamento técnico e não, como pregavam os românticos, do gênio que, sem lastros proporcionados pela educação, é selvagem[3]. Permita-me o leitor apontar algumas fontes usadas por Diderot na pedagógica artesania do *Neveu*. No verbete "Sátira" da *Enciclopédia*, Diderot define aquele gênero: "poema no qual se atacam diretamente o vício ou algum ridículo reprovável". Do principal às alternativas, o verbete mostra que a sátira varia na história, o que muda inclusive a sua forma. "Lí, para pesquisar e seguir, tratados mais ou menos extensos como o de Casaubon". Antes de analisar o autor citado por Diderot, chamo a atenção para o último verbo usado na frase citada acima: "seguir". Ele indica que o filósofo não teve intenção apenas de conhecer a sátira, mas desejou aplicar o aprendido e, logicamente, isto só poderia ser feito em uma sátira. Para quem já escrevera sátiras (*As Jóias Indiscretas*, por exemplo) este desejo mimético é singular. Ele anuncia escritos *sine ira et studio*, para além do simples desabafo ou vingança. Trata-se de um estudado ataque à cultura que não se limita aos personagens medíocres e hilários expostos impiedosamente no *Sobrinho de Rameau*. Vejamos o autor citado por Diderot, o humanista Casaubon.

3. "A representação própria e original que a juventude faz dos objetos essenciais é ainda indigente e vazia, ela é opinião, erro, indecisão, inexatidão, indeterminação. É pelo aprendizado que, em lugar de tal desvio, se instaura a verdade". Cf. G.W.F. Hegel, Sobre o Ensino da Filosofia no Liceu (1812), in Ferry, L. e outros (ed.), *Philosophies de l 'Université. L'idéalisme allemand et la question de l'université*, Paris: Payot, 1979, p. 340.

Isaac Casaubon[4] analisa a sátira apoiando-se em Varrão[5], o qual elogia os bons velhos tempos e ataca o luxo decadente. A exposição crítica é tarefa de um narrador, quase sempre o próprio Varrão, o qual opera uma paródia de si mesmo. É o que

4. Nascido em 1559 na Suiça, com outros antipapistas como Petrus Ramus, foi vítima da Noite de São Bartolomeu. Enquanto o segundo foi assassinado, Causabon imigrou para a Inglaterra, tornando-se amigo de Hugo Grocio e considerado um dos mais eruditos intelectuais da modernidade. De modo geral, as universidades francesas sentiram muito a perda causada pela violência religiosa. Cf. Paul A. Welsby, *Lancelot Andrewes*, 1555-1626, Londres: S.P.C.K, 1958. Casaubon casou-se em 1586 com Florencia, filha de Henri Estienne. M. Pattison, na biografia de Casaubon, sugere que ele se apaixonara mais pela coleção de livros de Estienne. Em termos filosóficos, o seu trabalho mais notável encontra-se no *Operum Aristoteli, nova editio Graece et Latine*, Lyon, 1590. Admirador do estoicismo, ele redigiu notas sobre as *Meditações* de Marco Aurélio. Cf. *Historiae Augustae scriptores sex*, ed. I. Casaubon, Paris, 1603, p. 174 (ad "Marcus Aurelius" XXVIII): "Non ridere, sed rite ac suo pretio aestimare res humanas solitus vir hic sapientissimus. Hoc ille nos docet divinis suis libris, velut cum ait in secundo..." (segue-se uma citação das *Meditações* II.17). O enunciado, como é sabido, serviu a Spinoza: não rir, não chorar, compreender. Cf. Jill Kraye; *Humanism and Early Modern Philosophy*, M. W. F. Stone, London: Routledge, 2000, p. 126. O interesse na sátira era determinado pela vida política e moral: campeão do protestantismo, sua obra maior consistiu numa extensa refutação de Baronius que, a exemplo de Bellarmino, defendia as prerrogativas da Sé romana na política, educação, cultura. Cf. I. Casaubon, *De rebus sacris et ecclesiasticis exercitationes XVI ad Baronii annales* (1614). Mas a sua luta foi além da guerra contra a Igreja de Roma. Ele seguiu o caminho de desmistificar fraudes neoplatônicas, a exemplo do que fez Lorenzo Valla quanto ao Pseudo-Dionisio e à "doação" de Constantino. Em 1614, mostrou no *De Rebus Sacris et Ecclesiaticis Exercitiones XVI* que o *Corpus Hermeticum* não pode ter sido feito por um egípcio, Hermes Trismegistus. O estilo grego é do período de Plotino. E notava algo simples, mas que passou desapercebido: Platão, Moisés, Aristóteles, autores pré-cristãos ou comentadores cristãos nunca se referiram ao tal Hermes. Quem segue a fortuna dos setores secretos no século XVII, percebe o estrago feito por Casaubon.

5. Cf. Aaron, Santesso, The New Atlantis and Varronian Satire, in *Philological Quarterly*, v. 79, 2000. O autor mostra, com eficácia, que não se pode trocar "sátira menipéia" por "sátira varrônica". Este ponto é importante, sobretudo quando se procura distinguir as formas de sátira recuperadas pela modernidade. Como diz Santesso: "Much more was known about Varro's satires than about Menippus's – though both were lost – primarily because

se passa no escrito *Sexagessis* (o sexagésimo aniversário). Um indivíduo adormece por longo tempo e ao despertar, percebe que a sociedade piorou. O adormecido fala com o sotaque de Varrão e recebe réplicas dos jovens urbanos, os quais caçoam da sua moralidade desatualizada[6]. No século XVIII a sátira ao modo praticado por Varrão é vista como elegante, vária, inteligente e nela a erudição ajuda na crítica dos costumes dissolutos em contraste com os valores e práticas tradicionais[7]. Dentre os críticos especializados em Varrão, Casaubon[8] é visto como um dos mais profundos. Ele notou o hibridismo, na sátira, de metros diversos e também o hibridismo de prosa livre e metrificada, o que aumentaria a liberdade dos escritos[9]. A mistura de estilos e idiomas (grego e latim), seriedade e brincadeira, prosa e poesia, evidencia-se nos seus imitadores, inclusive por Diderot no *Sobrinho*. O leitor educado e sensível nota, neste último diálogo, a tecitura de elementos heterogêneos. Ali, o texto vai da prosa mais banal à poesia sublime. Os projetos se engastam no texto – como o de musicar os *Pensamentos* de Pascal – evidenciam a união de estilos e técnicas literárias. A imitação diderotiana,

more of Varro's titles and fragments survived. St. Jerome counted "Libros CL" of Varro's Satirarum Menippearum. Of these, we have some 95 titles and 591 fragments. In several cases, enough fragments survive that scholars have been able to offer tentative reconstructions of the original works; certainly, we are able to identify definite traits and interests". (op. cit.).

6. Estas citações de Varrão foram extraídas de Franz Bucheler, *Petronii Saturae et Liber Priapeorum*, Berlin: Weidmann, 1912, p. 177-250. A indicação analítica é de Aaron Santesso, op. cit. O autor discute também a sátira *Gerontodidaskalos* (O Velho Professor), na qual um velho e um jovem discutem e o idoso lamenta a corrupção e decadência do que enxerga e as compara aos tempos virtuosos e castos de sua juventude. O jovem dele caçoa, devido à sua falta de sofisticação.

7. A. Santesso, op. cit.

8. Isaac Casaubon, *De Satyrica Graecorum poesi et Romanorum satira* (1605), New York: Scholars' Facsimiles & Reprints, 1973, p. 256-257.

9. "Apud Latinos vero videtur Ennii exemplum posterioribus ingeniis fiduciam attulisse, ut non solum diversorum generum metra eodem congererent: sed etiam ut hybridas prorsus scriptiones ederent, e soluta oratione et numeris adstricta conflatas. Eiusmodi lasciviae Satira fuit, quam nos Varronianam nuncupamus". Casaubon, I. : ed. cit., p. 256-257. A. Santesso, op. cit.

porém, pesa com finura todos os elementos reunidos na sátira. E para isto, com certeza, as lições de Casaubon valeram a Diderot. Casaubon critica insistentemente Luciano de Samosata porque neste último a cópia de Menipo seria demasiada, o que resultaria mais em ridículo do que em genialidade. A sátira menipéia, incluindo a escrita por Luciano, seria *non tam iocosa quam ridicula*. Já o trabalho de Varrão consegue uma síntese bem sucedida e elegante de versos e de variações prosaicas[10], uma filosofia em sentido próprio.

Os argumentos da *Encyclopédie* para expôr a sátira, sua origem e forma, assumem a figura romana:

> pode-se dizer, segundo o caráter fixado pelos romanos, que a sátira é uma espécie de poema no qual se ataca diretamente os vícios e ridículos dos homens. Digo uma espécie de poema, porque não é um quadro, mas um retrato do vício dos homens, que ela nomeia sem desvios ao chamar um gato, um gato e Nero, um tirano. É uma das diferenças entre sátira e comédia. Esta ataca os vícios, mas obliquamente, e de lado. Ela mostra aos homens retratos gerais, cujos traços são emprestados de modelos diferentes; cabe ao espectador assumir a lição e se instruir, se ele julga coveniente. A sátira, pelo contrário, vai diretamente ao homem. Ela diz: é você, é Crispin, um monstro, cujos vícios não são desculpados por nenhuma virtude.

O trecho a seguir, do mesmo verbete sobre a sátira, é estratégico para se entender o *Sobrinho*. Na peça, o diálogo se passa entre um filósofo sério, honesto, bem pensante e um monstro humano que nunca é idêntico a si mesmo e desafia a moral bem comportada ou hipócrita. "Não é difícil descobrir" adianta a dupla Diderot/Jaucourt,

> qual espírito anima ordinariamente o satírico. Não é o espírito de um filósofo que, sem deixar sua tranquilidade, pinta os encantos da virtude e o

10. "Longe igitur diversa fuit ratio poeseos in Satiris Varronis, et Menippi dialogis vel epistolis. Cum Graecus hic meras parodias ex alienis versibus contexuent: quam ob causam nemo unquam veterum inter poetas eum numeravit. Varro contra pulcherrimis carminibus quae ipse composuerat, Satiras suas consperserit: quas propterea M. Tullius poema nomimat, et quidem varium atque elegans" (Casaubon, p, 266). Para a descrição das obras de Varrão como "philosophiam," cf., p. 267 e 259. A. Santesso, op. cit.

defeito do vício. Não é o espírito de um orador que, movido por um belo zelo quer reformar os homens e conduzi-los ao bem. Não é o espírito do poeta que sonha fazer-se admirar excitando terror e piedade. Também não é o espírito do negro misantropo que odeia o gênero humano e que o odeia em demasia para torná-lo melhor. Não é nem um Heráclito que lamenta os nossos males, nem um Demócrito que deles zomba: o que é o espírito satírico? Parece que no seu coração há um germe de crueldade escondida, coberta com o interesse da virtude para ter o prazer de despedaçar o vício. Entram neste sentimento a virtude e a perversidade, ódio contra o vício e desprezo pelos homens [...] Embora as sátiras tenham um caráter condenável, é possível que elas sejam lidos com muito proveito. Elas são o contraveneno das obras em que reina a moleza.

A última palavra citada – moleza – retoma as lições de Varrão e os juízos de Casaubon sobre a essência da sátira: quando os homens deixaram o campo e os panoramas rústicos, e seguiram para as cidades, surgiram a licença e a moleza, o luxo e a perversão moral. O tema da urbanização como fonte dos males éticos não era desconhecido no século XVIII, muito pelo contrário. Longe iam os tempos em que, para escapar dos barões arbitrários, o refrão mais ouvido na Europa, sobretudo em língua germânica, dizia que *Die Stadtluft macht frei*. Ainda não era o tempo da desgraça que entronizou na entrada do Inferno totalitário um outro refrão nefasto: *Arbeit macht frei*. Tal ignomínia foi erigida nos arredores de Auschwitz, Dachau, Gross-Rosen, Sachsenhausen, Terezín e de tantas cidades assoladas pelos movimentos anti-semitas. A "moleza" no século XVIII era satirizada em nome do trabalho que se traduz em dinheiro. No século XX, conforme o psicanalista Bruno Betelheim, a colaboração das vítimas com os carrascos nazistas aumentou o delírio da sociedade disciplinada pelo trabalho. Enquanto prisioneiros de guerra eram obrigados a trabalhar para a máquina de guerra totaliária, os encarcerados nos campos de concentração produziam, sob o chicote dos carrascos, a morte de seus próprios irmãos. O resultado da cultura urbana é duplo: ela gerou liberdade, com certeza. Mas esta mesma força livre serviu como fábrica monstruosa que destruiu milhões de seres humanos. A cidade também exerceu a função de enorme ventre devorador dos sonhos, esperanças, dignidades, valores.

O século XVIII filosófico temia as grandes reuniões urbanas, a exemplo dos seus antecessores renascentistas, como Erasmo, atormentado pela imagem de Babel. As desgraças dos grandes aglomerados se evidenciavam nas guerras entre protestantes e católicos, cristãos e muçulmanos, indivíduos e indivíduos. Hobbes, ansioso diante das mesmas guerras, buscou remédios para elas e, de modo claro, apontou as cidades como ameaças ao corpo da república. Ao entrar na lista dos que diagnosticam as ameaças ao governo como doenças – as metáforas médicas tiveram seu ápice no século XX, tanto nos idioletos nazistas quanto na propaganda do stalinismo[11] – Hobbes enxerga nas cidades o inchaço orgulhoso a ser curado para bem da comunhão política. Assim, diz ele,

> uma enfermidade da república é a grandeza imoderada de uma cidade, quando ela está apta para fornecer fora do seu circuito o número e o custeio de um grande exército; como também é o grande número das corporações, que se constituem como pequenas repúblicas nos intestinos da maior, como vermes nas entranhas do homem natural[12].

De inimiga, a cidade tornou-se, ao longo dos séculos XVIII, XIX e XX, a grande base do Leviatã. Os males nela gerados, no entanto, foram muito bem percebidos pelos filósofos e moralistas das mais diversas escolas.

Em primeiro lugar, naturalmente, vem Rousseau. Este, ao se instalar no Ermitage perto de Montmorency, execra Paris "cidade de lama e fumaça". O juízo apocalíptico é repetido no primeiro livro do *Emilio*: "as cidades são o abismo da espécie". Depois vem Marivaux nas *Cartas sobre os Habitantes de Paris*: "difícil definir a população de Paris... a melhor imagem é a

11. Roberto Romano, A Fantasmagoria Orgânica, *Corpo e Cristal, Marx Romântico,* Rio de Janeiro: Guanabara Koogan, 1985.

12. *Leviathan*, cap. 29: Of Those Things that Weaken, or Tend to the Dissolution of a Common-wealth, na edição C.B. Macpherson, New York: Penguin Books, 1977, p. 374-375.

de um monstro"[13]. Diderot está imerso nesta cultura oposta às grandes cidades. É o que se pode notar no trecho inserido na *História das Duas Índias*:

o homem, sem dúvida, é feito para a sociedade. Sua fraqueza e suas necessidades o demonstram. Mas sociedades de 20 a 30 milhões de homens, cidades de 4 a 5 mil almas, são monstros no interior da natureza. Não é a natureza que as forma. É ela, pelo contrário, que tende, sem cessar, a destrui-las. Elas só se sustentam por uma previdência contínua e por esforços inauditos. Elas não tardariam a se dissipar, se uma porção considerável da multidão não cuidasse de sua conservação. O ar é infecto, as águas são corrompidas, a terra esgotada em grandes áreas. A duração da vida nelas se abrevia, as doçuras da abundância nelas são pouco sentidas, os horrores da fome nelas são extremos. É o lugar do nascimento das doenças epidêmicas, a morada do crime, do vício, dos costumes dissolutos. Estes enormes e funestos amontoados de homens são ainda um horror para a soberania, ao redor da qual a cupidez chama e aumenta sem cessar a massa dos escravos, sob a infinidade de funções, denominações. Estes montes sobrenaturais de população são sujeitos à fermentação e à corrupção durante a paz. Se a guerra neles imprime um movimento mais vivo, o choque é espantoso.

Em sentido contrário ao das urbes ameaçadoras, pensa Diderot, as sociedades naturais são pouco numerosas.

Elas subsistem por si mesmas. Não se espera, nelas, a superabundância incômoda da população para dividi-las. Cada divisão se coloca em distâncias convenientes. [...] A pureza do sangue entre as nações, se é permitido nos exprimir assim, e também a pureza do sangue entre as famílias, só pode ser momentânea, a menos que instituições estranhas e religiosas se oponham. A mistura é um efeito necessário de uma infinidade de causas.

Condenação dos aglomerados onde fermenta o vício, elogio da mistura de sangue, num veto ao racismo que já vicejava na vida européia e francesa, em tempo muito próximo dos *philosophes*[14].

13. Marivaux, *Lettres sur les habitants de Paris*, in F. Deloffre, *Journaux et Oeuvres diverses*, 9. ed., Paris: Garnier, 1969, p. 10.

14. Por exemplo, o racismo explícito de C. De Pauw, *Recherches philosophiques sur les Américains*, 1774. O texto pode ser lido na edição eletrônica Gallica da Biblioteca Nacional da França.

Duas sociedades são mencionadas por Diderot no mesmo trecho citado acima, da *História das Duas Índias*: aquela na qual o fundador se dirige a um homem novo que sente sua infelicidade, sendo mais dócil à moldagem do caráter. Para adestrálo, o fundador precisa usar a benevolência e exibir uma só face, para se fazer amar. "Ele prega a virtude, a qual será sempre mais imperiosa quanto mais simples será o discípulo. Não é difícil, então, desacreditar o vício, do qual o vicioso é a primeira vítima". Mas vem depois a sociedade envelhecida e dissoluta. O dirigente, em vez de fundar, tem missão restauradora naquele aglomerado corrompido. Ele é

> um arquiteto que se propõe construir sobre uma área coberta de ruínas. É o médico que se propõe curar um cadáver gangrenado. É um sábio que prega a reforma a endurecidos. Ele só pode receber ódio e perseguições [...] ele não verá a futura geração, ele produzirá poucos frutos. Uma nação só se regenera num banho de sangue. É a imagem do velho Eson, a quem Medéia só concedeu a juventude ao decepá-lo, cozinhando-o. Quando decaiu, nenhum homem pôde levantá-la. Parece que isto seja a tarefa de uma longa seqüência de revoluções. O homem de gênio passa muito rapidamente e não deixa posteridade.

As duas sociedades enquadram-se perfeitamente nos preceitos de Varrão sobre a sátira. A primeira corresponde aos "bons velhos tempos" da virtude e da obediência ao Bem coletivo, enquanto a segunda identifica-se à dissolução verberada. Diderot, no trecho das *Duas Índias* interpreta a velha fábula de Eson, a qual também inspirou Hobbes para demonstrar a incompetência da cidadania quando se trata de legislação e governo. Na análise hobbesiana as filhas do velho rei o despedaçam sem resultados positivos. Segundo Diderot, no entanto, as bruxarias de Medéia, com o esquartejamento do corpo republicano, corrompido pelo tempo e pelos costumes dissolutos, conduzem à regeneração social e política[15], O *Sobrinho* efetiva, no

15. A mais percuciente análise desse problema encontra-se em G. Goggi, Diderot et Medée dépeçant le viel Eson, in A. Chouillet (ed.) *Colloque International Diderot*, Paris: Aux Amateurs de Livres, 1985. Cf. também R. Romano, *Silêncio e Ruído. A Sátira em Denis Diderot*, Campinas: Ed. da Unicamp, 1997.

plano das idéias, a mesma técnica louvada na feitiçaria de Medéia: ele despedaça os costumes do seu tempo, dilacera corpos e reputações dos parisienses que acumulam vícios no mesmo tempo em que se acotovelam nos salões, nos restaurantes, na Ópera e nas praças públicas.

Esse quadro da vida urbana é trágico. Tudo levaria a prever que Diderot, diante de uma situação assim calamitosa, ajuizaria sem equívoco em favor do estado de natureza. Mas o juízo diderotiano é matizado nessas matérias. É possível, no entanto, perguntar, com base na sua obra: como se conciliam o otimismo das Luzes e a imagem da humanidade em guerra generalizada, pervertendo-se no correr dos tempos? Próximo a Rousseau, nesse ponto, Diderot une diretamente a causa ao efeito, entre progresso das ciências e a depravação urbana. "As pessoas mais esclarecidas com freqüência são as mais viciosas e a História é apenas uma longa série de incidentes imprevistos que levaram o homem à luz e à depravação", diz ele na *Introdução aos Grandes Princípios*[16].

Na passagem do tempo o homem adquire, em cada átimo, uma consciência aguda de sua irremediável decadência e inventa meios sempre mais eficazes de remediar o mal, retardá-lo por algum tempo. É nesse quadro sem ilusões que se move a investigação diderotiana. Breve Diderot perde a confiança no "grande homem" que salvaria a Europa de sua decadência. Na *Carta a Wilker* (14/11/ 1771) e na mesma *História das Duas Índias,* ele renuncia à esperança que passa a considerar vã. Quando uma nação caiu, ninguém pode levantá-la. Diderot, que seria péssimo cidadão do "melhor mundo possível", elabora a fábula do Taiti, diante da multiplicidade do modelo inglês, holandês, chinês a ele oferecidos. E o filósofo seguiu a tentação de entender o que se passava em Paris, São Petersburgo ou na Filadélfia. Ele viveu a necessidade de construir "um modelo ideal de toda verdade sobre a História" (*Discurso sobre a Poesia Dramática*).

16. Fragmento de carta a Sophie Voland, não datada. Cf. também Bernard Papin, *Sens et fonctions de l'Utopie Thaitienne dans l'oeuvre politique de Diderot,* Oxford: The Voltaire Foundation, 1988, p. 15.

O *Suplemento à Viagem de Bougainville* não é um programa burguês revolucionário, nem se trata de levar os costumes taitianos a Paris. Seria uma violência semelhante à dos cínicos. Diz o verbete sobre o cinismo da *Encyclopédie*:

> quando se examina de perto os bizarros cínicos, encontra-se o fato de que eles queriam transportar para o meio da sociedade os costumes do estado de natureza. Ou eles não perceberam, ou não se preocuparam com o ridículo que existia em afetar, entre homens corrompidos e delicados, a conduta e o discurso da inocência dos primeiros tempos, e a rusticidade dos séculos onde reinava a animalidade.

Claro que a ponta venenosa do verbete inteiro é dirigida diretamente a Rousseau, sobretudo no seguinte trecho:

> Os cínicos tinham aversão à cultura e às Belas Artes. Eles contavam todos os momentos que nelas eram empregados, todo tempo extraído da prática da virtude e do estudo da moral. Eles rejeitavam, por conseguinte, os mesmos princípios e os mesmos conhecimentos da matemática e da física, e da história da natureza; eles afetavam sobretudo um desprezo soberano por aquela elegância particuliar aos atenienses, que se faziam notar e sentir nos seus costumes, seus escritos, seus discursos, seus ajustamentos, a decoração de sua casas; numa palavra, em tudo o que pertencia à vida civil.

Entusiastas da virtude, os cínicos exigiam um retorno impossível à natureza e o controle ascético dos costumes. O verbete "Cidade" da *Encyclopédie* segue o padrão de lamentar os bons tempos iniciais das concentrações urbanas, mas recusa o seu mito:

> Se os poetas se contentassem em apenas nos ensinar o nome dos grandes homens que fundaram as primeiras cidades, e as cerimônias religiosas observadas naquelas ocasiões, teríamos aprendido traços da história que os anais dos povos nunca conservaram, e preferiríamos simples verdades em vez do maravilhoso que eles expandiram neste assunto.

Philippe Roger[17] assim analisa o problema urbano, em especial o parisiense, no século XVIII: Paris é um embaraço para

17. Cf. Philippe Roger, Paris, um Problema Embaraçoso de Filosofia, in *L'Homme des Lumières, de Paris à Petersbourg*, Nápoles: Vivarium, 1995, p. 15-28.

as Luzes. Como, de fato, conceituar aquela cidade? Já Rabelais declarou guerra contra Paris, lugar do luxo, da comilança, do pedantismo universitário, da hipocrisia, do ar fétido. Mas como pensar a grande cidade? O *Dicionário de Trevoux* trazia um desalento: "é muito difícil fornecer uma boa definição da palavra 'cidade'". Voltaire, no poema *O Mundano*, e seu entusiasmo pela pavimentação de Paris (no *Século de Luis XIV*), choca-se com Rousseau, o inimigo da corrupção parisiense que entra e sai da urbe "pelo jardim que dava sobre o boulevard, de modo que eu podia dizer com a mais exata verdade que nunca tinha colocado o pé nos pavimentos de Paris" (*Confissões*, I, X).

A cidade é centro da atenção e de muito medo no século XVIII. As fórmulas de Rousseau encontram ressonância em escritos econômicos, médicos, financeiros, relatórios de Turgot ou Lavoisier. Se Rousseau assimila Paris a um abismo, Turgot compara a capital do reino a um abismo que absorve todas as riquezas do Estado. Enumera Lavoisier, por sua vez, os gastos de Paris. Ali são consumidos anualmente 260 milhões de libras (250 para os homens, 10 para os cavalos). Seu ativo é de apenas 20 milhões em comércio. Tudo o mais vem das rendas do Estado (140 milhões) ou rendas fundiárias e de empresas situadas fora de Paris (100 milhões). Montyon, demógrafo, sugere esvaziar autoritariamente Paris de uma parte de seus habitantes. Mirabeau propõe expulsar 200 mil parisienses. Rousseau, num de seus paradoxos habituais, afirma que o Emilio deve habitar nas cidades... no mesmo passo em que afirma, nas *Confissões*: "a corrupção agora é igual em toda parte. Não mais existem costumes, nem virtudes na Europa. Mas existe ainda algum amor por elas, é em Paris que devemos buscá-las" (I, XI). Diderot aconselha a Catarina II : "cercai vossos súditos [em Petersburg] e só com essa operação tereis um império". O ideal do *citoyen* pertence às Luzes, mas nas cidades imperiais os filósofos não "estão em casa"[18].

A noção de cidadania enfrenta dois obstáculos graves: de um lado os grandes impérios. Neles, reina o despotismo e o

18. Toda essa passagem é devida a Philippe Roger, op. cit.

cidadão some do imenso espaço e não tem lugar no tempo. Nos reinos menores, onde a capital é desproporcionada em relação ao corpo do país, a massa devoradora, inútil, manipulada, impede a consciência humana de ser parte de um todo mais digno. E também some a cidadania. Entre Silas e Caribde, o filósofo naufraga com seus sistemas políticos que pretendem regenerar os Estados, a sociedade, o gênero humano. As Luzes fracassam, como diz Hans Meyer, diante da monstruosidade[19], só que agora elevada ao máximo possível, na teratologia que amontoa seres que deixam de ser humanos e se transformam em feras, num retorno ao estado de natureza que não é virtuoso, muito pelo contrário.

O *Sobrinho* é um filtro, produzido com a técnica da sátira, pelo qual atravessam todos os tipos humanos amontoados em Paris, a grande capital. O choque entre o personagem "Eu", um representante dos "bons velhos tempos", quando a moral seria perfeita – nos parâmetros estritos de Varrão e de Casaubon – e o monstro "Ele", produzido idealmente, síntese de todos os mendigos, mentirosos, cortesãos, proxenetas, poetas e músicos fracassados, ambiciosos de todo calibre, ocorre num poema em prosa sublime, o que espanta o leitor e o coloca em pânico permanente, até que a última linha chicoteie a sua boa consciência: "rirá melhor quem rir por último". Rameau é um filtro pelo qual passam todos os habitantes da urbe acanalhada, dos vagabundos ao rei, todos dançando a pantomima dos miseráveis, todos entoando canções sem harmonia, todos violentos como os tigres.

O contraste entre o campo e a cidade, com a ferocidade só vista na segunda, encontra-se na cena da *Menagenie de Versailles*: se o jovem provinciano – puro, inocente, virtuoso como o homem da natureza – diante das jaulas onde estão presos os bichos urbanos, mete a mão lá dentro, a culpa pela seus membros devorados não é deles, mas apenas dele. Estamos aqui no aproveitamento mais realista da imagem de Paris como um abismo devorador. Rameau, uma teratologia ambulante, can-

19. Cf. H. Mayer, *Os Marginalizados*, Rio de Janeiro: Guanabara Ed., 1989, p. 9.

tante, recitante, irritante, apresenta-se de maneira a enganar os tolos que o julgam inocente. Ele os desmascara e revela o monstro escondido sob as belas palavras e maneiras. Em Paris ninguém é inocente. De certo modo, a cidade é a grande Babilônia, prostituta apocalíptica onde se revela todas as manchas do gênero humano, manchas adquiridas na queda, quando ainda residíamos no paraíso.

Na capital do reino tudo é instável. E sabemos o que Diderot pensa sobre os que vivem em regime de violenta instabilidade: "quando a energia da natureza dobra-se sobre si mesma, o ser infeliz, melancólico, chora, geme, suspira, ergue de tempos em tempos gritos, devora-se e se consome". Esta passagem do *Salão de 1767* citada por Jacques Chouillet[20] recebe o seguinte comentário do mesmo especialista em Diderot: "Quanto aos instáveis, conhecemos um deles de muita importância, aquele Sobrinho do qual Diderot poderia dizer com Horácio: *Vertumnis, quotquot sunt, natus iniquis* (Destinado pela natureza aos vertumnos caprichosos, tantos quantos sejam eles)". No *Sonho de D'Alembert* existe uma chave para se entender o Sobrinho e Paris: "Nada é sólido, exceto beber, comer, viver, amar e dormir". O comentário de Lester G. Crocker é exato: "O Sobrinho mantém este ponto de vista contra o seu adversário moralista"[21]. Entre a regularidade monótona da natureza e os encantos renovados do luxo, das mentiras, da política e das querelas acadêmicas, não existe retorno: somos condenados a viver com todos os Sobrinhos, como os Sobrinhos, contra os Sobrinhos. Não existe meio de retornar aos bons velhos tempos. A sátira perdeu a sua razão de ser, enquanto instrumento de luta contra a vida urbana, ela agora registra os passos daquela dança sinistra anotada por Hegel na *Fenomenologia*: roda dançante, "delírio báquico, no qual todos os membros estão embriagados, delírio que

20. *Diderot, poète de l'energie*, Paris: PUF, 1984, p. 70.

21. *Diderot's chaotic order. Approach to a Synthesis*, Princeton University Press, 1974, p. 43.

dissolve imediatamente cada um dos que buscam dele separar-se"[22]. E no *Sobrinho*:

> Nós fazemos justiça uns aos outros, sem que a lei se imiscua. A Deschamps, outrora, a Guimard hoje, vingam o príncipe contra o financista; e é a modista, o joalheiro, o tapeceiro, a costureira de roupa branca, o escroque, a camareira, o cozinheiro, o correeiro, que vingam o financista contra a Deschamps. No meio de tudo isso, só o imbecil ou o ocioso é lesado, sem ter prejudicado ninguém.

O trabalho recebe seu elogio, a moleza o seu castigo. Mas não existe mais a idade de ouro, o estado de natureza, no qual o trabalho era feito para o bem coletivo. O trabalho agora é letal. Nele, todos devoram o corpo e a alma alheias, todos fazem justiça comutativa e distributiva do pavor e da suspeita. Todos encarnam o sobrinho de Rameau.

Mais não direi sobre o elevado documento da nossa modernidade e da nossa moral, redigido pelo gênio diderotiano. Síntese das artes e da política, a sátira agora editada pela Perspectiva, com o mais fino trabalho de tradução, abre perspectivas analíticas insuspeitadas e interroga todos os que desejam pensar sobre a ética sem repetir lugares comuns hipócritas e batidos. Um texto desta elevação exigia cuidados hermenêuticos e técnicos rigososos, além de sensibilidade incomum, educada. Este é o presente que o literato e meticuloso especialista em Diderot, o sábio Jacó Guinsburg, oferece ao leitor brasileiro. Sigamos ao banquete na boa companhia do anfitrião/tradutor, sabendo no entanto que no agape serão devorados os preconceitos, as tolices das capelas universitárias, as pretensões políticas e toda a vaidade mundana. Afinal, que seria mesmo o *Sobrinho de Rameau*, senão uma reescrita lancinante do *Qohélet*?

22. G. W. F. Hegel, Prefácio à *Fenomenologia do Espírito*. Uso a edição francesa de J. Hyppolite, Paris: Aubier, 1947, T. I, p. 40.

Le Déjeuner des philosophes, gravura anônima do final do século XVIII. De frente, braço erguido, Voltaire (n. 1); à direita, Diderot (n. 6) e *père* Adam (n.2); à esquerda, La Harpe (n. 7), o abade Mauri, D'Alembert e, de costas, Condorcet.

GODOT AVANT LA LETTRE

Acerca de *O Sobrinho Rameau*, já se disse tudo. Todas as possibilidades que o texto e a personagem oferecem à crítica foram exploradas nos quase dois séculos de sua existência para o leitor. Os seus aspectos filosóficos, históricos, sociológicos, políticos, psicológicos, literários, musicais e éticos, foram examinados nas autopsias analíticas, nos enxertos ideológicos e nas reoperações semânticas, de modo que, para uma edição, ainda mais em tradução, pouco resta a dizer à primeira vista, a não ser que, se tenha a erudição, a agudeza ou a originalidade de um comentador como Roberto Romano. Mas não é o caso de quem assina essa versão brasileira. Ainda assim, atrevo-me a considerar que, "depois de tudo", ainda resta tudo... na tentação interpretativa – a exemplaridade da personagem criada por Diderot, a qual no seu egocentrismo, na sua marginalidade e, na quase onisciência com que apresenta e expressa a sua condição e a do mundo, dos homens, das paixões e dos interesses que os movem na vida e na arte, sobrepassa a mera galeria de *portraits* do século XVIII e de sua *polis*, para erigir-se, acima de seu talento frustrado e de seu despeito, como um modelo rematado e edificante, não de suas mal reconhecidas qualidades e habilidades musicais, porém da mais exemplar personificação do "homem sem qualidades", que a bordo do Século das Luzes já se distinguia em si mesmo e projetava no horizonte de suas futuras recepções, não só a radicalização existencial nietzschiana, como a figura beckettiana da vacuidade da existência humana: a espera de Godot, ali desponta.

J.G.

I. O Sobrinho de Rameau

O Sobrinho, gravura de B. Naudin, 1924.

SÁTIRA SEGUNDA[1]:

O SOBRINHO DE RAMEAU

Vertumnis quotquot sunt natus iniquis[2]
(Horácio, Liv. II, Sátira VII)

Faça bom ou faça mau tempo, é de meu hábito ir às cinco da tarde passear no Palais Royal[3]. É a mim que se vê, sempre sozinho, sonhando no banco de Argenson[4]. Entretenho-me co-

1. Diderot escreveu um livreto sob o título de *Sátira Primeira sobre os Caracteres e as Palavras Caráter, Profissão etc.*, ao qual se seguiu a *Sátira Segunda*, com o subtítulo de *O Sobrinho de Rameau*. Embora haja muita discussão sobre a data em que o texto foi composto, parece certo que seu início deu-se entre 1761 e 1762, quando teria sido elaborado o fulcro da obra. Posteriormente, ela sofreu pelo menos cinco revisões, sendo concluída após a viagem do Enciclopedista à Rússia, ao que tudo indica entre os anos de 1775 e 1776. A primeira edição dos escritos de Diderot, em 1798, realizada por Naigeon, não continha *O Sobrinho de Rameau*, que só veio a aparecer, em forma impressa, na tradução feita, de próprio punho, por Goethe, sob o título de *Rameaus Neffe*, em 1805.

2. "Nascido sob a malícia de todos os Vertumnos reunidos" (Vertumno, divindade itálica que preside as mudanças do tempo e das estações).

3. Construído em 1629, para o cardeal Richelieu, sofreu várias reformas, no Antigo Regime, e sua galeria constituía um ponto de encontro de jogadores e libertinos. No texto de Diderot, as menções topográficas são relativas ao Palais Royal tal como se apresentava no período anterior ao incêndio do Opéra ou Academia Real de Música, nele sediada, em 1763.

4. Trata-se de um banco situado na alameda d'Argenson, assim chamada por abrigar na época o palácio de mesmo nome. Além de assento para a medi-

migo mesmo sobre política, amor, gostos ou filosofia. Abandono meu espírito a toda sua libertinagem[5]. Deixo-o senhor da possibilidade de seguir a primeira idéia sábia ou louca que se lhe apresente, tal como se vê na alameda de Foy[6] nossos jovens dissolutos andejar na cola de uma cortesã de ar estouvado, de rosto risonho, olhar vivo, nariz arrebitado, deixando esta por outra, abordando todas e não se prendendo a nenhuma. Meus pensamentos são minhas raparigas. Se o tempo está muito frio, ou muito chuvoso, refugio-me no café de la Régence[7]; e divirto-me aí assistindo às partidas de xadrez. Paris é o lugar do mundo, e o café de la Régence é o lugar de Paris onde melhor se joga esse jogo. É na casa de Rey que se batem Legal[8], o profundo, Philidor[9], o sutil, o sólido Mayot; que se presenciam os lances mais surpreendentes, e que se ouvem as piores expressões; pois se alguém pode ser homem de espírito e grande jogador de xadrez, como Legal, pode-se também ser um grande jogador de xadrez, e um tolo, como Foubert e Mayot. Uma noite, após o

tação filosófica de Diderot, este banco também lhe serviu de amoroso ponto de encontro com Sophie Volland...

5. A palavra libertinagem não deve ser interpretada aqui na acepção pejorativa em que é empregada em nossos dias, mas como referência à liberdade de pensamento ou à inobservância das regras e amarras da religião, sentido com que é usada em geral por Diderot e pela literatura da época.

6. Paralela à alameda d'Argenson, ficou assim denominada devido a um café de um certo Foy, mas também era conhecida como a "álea dos peripatéticos".

7. Instalado em 1718 na praça do Palais Royal, passou às mãos de um tal de Rey, em 1745. Ponto de encontro dos homens de letras, da gente do teatro e da música, Voltaire, Rousseau, Diderot, Grimm, entre outros, freqüentavam-no; celebrizou-se particularmente com a voga do jogo de xadrez no século XVIII e por ser um dos principais cenários em que os aficionados, como Philidor, disputavam suas partidas.

8. Sr. de Kermeur ou Kermury, sire, dito marquês de Legal, fidalgo bretão, tido como o melhor enxadrista francês do século XVIII.

9. François-André Danican Philidor, (1726-1795), oriundo de uma família de músicos, era ele próprio compositor talentoso. Mas o xadrez foi a sua paixão e Philidor ilustrou-se no seu cultivo, tendo publicado em Londres um livro que se tornou clássico, *Analyse du jeu des échecs*. Ao lado deste enxadrista, Diderot cita, em ordem decrescente de valor, segundo a sua apreciação, Mayot e Foubert, respectivamente, cujas biografias são desconhecidas.

jantar, eu estava lá, olhando muito, falando pouco, e ouvindo o menos possível; foi quando fui abordado por uma das mais esquisitas personagens desse país em que Deus não as deixou faltar. É um composto de altivez e baixeza, de bom senso e desrazão. É preciso que as noções de honesto e desonesto estejam mui estranhamente baralhadas em sua cabeça; pois ele mostra, sem ostentação, o que a natureza lhe deu de boas qualidades e, sem pudor, o que dela recebeu de más qualidades. De resto, é dotado de uma forte compleição, de um singular calor de imaginação e de um vigor de pulmões pouco comum. Se algum dia o encontrardes e se a sua originalidade não vos deter, ou metereis os dedos em vossos ouvidos, ou fugireis. Ó deuses, que terríveis pulmões. Nada se desassemelha mais dele do que ele mesmo. Algumas vezes está magro e lívido, como um doente no último grau de consumpção; poder-se-ia contar-lhe os dentes através das bochechas; dir-se-ia que passou vários dias sem comer, ou que acabou de sair da Trapa[10]. No mês seguinte, está gordo e repimpado, como se tivesse deixado a mesa de um financista, ou como se tivesse estado encerrado em um convento de bernardos[11]. Hoje, com roupa de baixo suja, calção rasgado, coberto de farrapos, quase sem sapatos, caminha cabisbaixo, esquiva-se, fica-se tentado a chamá-lo para dar-lhe uma esmola. Amanhã, empoado, calçado, frisado, bem vestido, caminha de cabeça erguida, mostra-se, e vós o tomaríeis quase por um *honnête homme*[12]. Vive a cada dia do que ganha no dia. Triste ou alegre, segundo as circunstâncias. Sua primeira preocupação, de manhã, quando se levanta, é saber onde almoçará; após o almoço, pensa onde irá jantar. A noite lhe traz também sua inquietação. Ou volta a pé para um pequeno sótão onde habita, a menos que

10. Abadia da Trapa, ordem dos trapistas.

11. Ao contrário dos trapistas, muito severos nos seus preceitos e no seu rigoroso cumprimento, os bernardos tinham a fama de pouco austeros e mais permissivos.

12. Homem de bem, probo, honrado, que possui todas as qualidades para a aceitação e trato em sociedade, isto é, em termos dos despontantes valores burgueses – sua encarnação em face do ideal aristocrático do gentil-homem.

a locatária, cansada de esperar o pagamento do aluguel, já lhe tenha exigido a devolução da chave; ou ele baixa numa taverna do arrabalde onde espera o raiar do dia, entre um pedaço de pão e uma caneca de cerveja. Quando não tem sequer seis soldos no bolso, o que lhe acontece algumas vezes, ele recorre a um dos cocheiros de seus amigos, ou ao cocheiro de um grão-senhor, que lhe dá um leito sobre a palha, ao lado de seus cavalos. De manhã, conserva ainda uma parte de seu colchão nos cabelos. Se a estação é amena, põe-se a caminhar a noite toda, a largos passos, pelo Cours ou pelos Champs-Elysées[13]. Reaparece com o dia no centro da cidade, vestido da véspera para o dia seguinte, e do dia seguinte, às vezes, para o resto da semana. Não aprecio esses tipos originais; outros os convertem em seus conhecidos familiares e até mesmo em seus amigos. Eles me detêm uma vez por ano, quando os encontro, porque o caráter deles contrasta com o de outros, e porque eles rompem essa uniformidade fastidiosa em que nossa educação, nossas convenções de sociedade, nossas conveniências de hábito nos introduziram. Se um deles aparece na companhia de um grupo, é um grão de lêvedo que fermenta e que restitui a cada um uma porção de sua individualidade natural. Ele sacode, agita; faz aprovar ou censurar; faz surgir a verdade; faz conhecer as pessoas de bem; desmascara os patifes; é então que o homem de bom senso escuta e deslinda seu mundo.

Aquele, eu conhecia de há muito. Ele freqüentava uma casa cuja porta seu talento lhe abrira. Havia lá uma filha única. Ele jurava ao pai e à mãe que desposaria a filha. Eles davam de ombros, riam no seu nariz, diziam-lhe que era louco, e eu vi o momento em que a coisa estava feita. Ele me pedia emprestado alguns escudos que eu lhe dava. Introduzira-se, não sei como, em algumas casas honradas, onde tinha o seu talher, mas com a condição de que não falaria, sem ter obtido antes a permissão

13. Cours la Reine, passeio às margens do Sena, que vai da *place de la Concorde* até a *place du* Canada, criado por Maria de Médicis e aberto ao público em 1628. A partir dos meados do século XVIII, a preferência dos parisienses deslocou-se para o Champs-Elysées.

para isso. Ele se calava e se comia de raiva. Era excelente vê-lo nesse constrangimento. Se lhe vinha a gana de faltar ao tratado, e se abria a boca, à primeira palavra, todos os convidados, gritavam: "Ó Rameau!" Então o furor faiscava em seus olhos, e ele voltava a comer com mais raiva ainda. Vós estáveis curiosos para saber o nome do homem, e vós o sabeis. É o sobrinho desse célebre músico[14] que nos livrou do cantochão de Lulli[15] que salmodiamos há mais de cem anos; que tanto escreveu acerca de visões ininteligíveis e de verdades apocalípticas sobre a teoria da música, de que nem ele nem pessoa alguma jamais entenderam nada, e de quem temos certo número de óperas, em que

14. A alusão é a Jean-Philippe Rameau (1683-1764), célebre compositor francês, contemporâneo de Bach e Händel. Seus *Traité de l'harmonie réduite à ses principes essentiels* (1722) e *Génération harmonique* (1737), entre outros, racionalizaram a harmonia e promoveram uma verdadeira revolução na música francesa. Organista em várias igrejas escreveu quatro coletâneas de peças para cravo, entre 1709 e 1728. Sua fama artística, porém, recebeu maior impulso a partir de 1733, quando estreou como criador de óperas. Neste gênero, que cultivou até o fim da vida, suas principais obras são: *Hippolyte et Aricie* (1733), *Les Indes galantes* (1735), *Castor et Pollux* (1737), *Platée*, balê-bufo, (1745). É de particular importância, no contexto estético e musical do século XVIII e das idéias sobre a ópera que Diderot põe em diálogo e debate crítico em *O Sobrinho de Rameau*, a Querela dos Bufões. Neste episódio, Jean-Philippe, partidário da predominância da harmonia sobre a melodia, foi submetido a furiosas críticas por Rousseau e pelos Enciclopedistas, defensores da ópera italiana, à moda de Pergolese, em que a melodia estaria próxima do "grito da natureza". Por sua postura moderada no caso, a exceção na disputa e no grupo dos Filósofos das Luzes, foi justamente Diderot, amigo e colaborador de Rameau.

15. Jean-Baptiste Lulli (c.1633-1687), musicista e compositor, nascido em Florença e francês por naturalização. Exímio violinista, conquistou o favor do jovem Luís XIV, para quem compôs música de câmara e dirigiu os balés da corte, sendo em 1661 nomeado superintendente geral de música. Colaborou com Molière, musicando suas comédias-balés. Desentendeu-se com o dramaturgo em 1672 e dedicou-se à ópera, criando em *Cadmos et Hermione* (1673), um novo gênero musical, a tragédia lírica, em cooperação com o libretista Quinault. Produziu ainda, com o mesmo parceiro, *Alceste* (1674), *Teseu* (1675), *Isis* (1677) e, entre outras, *Armide* (1686), considerada por Diderot uma obra-prima. Da autoria exclusiva de Lulli constam também balés e composições religiosas.

há harmonia, fragmentos de canto, idéias descosidas, fragor, vôos, triunfos, lances, glórias, murmúrios, vitórias a perder o fôlego; árias de dança que durarão eternamente; e que, após ter enterrado o florentino, será enterrado pelos virtuoses italianos, coisa que ele pressentia e o tornava sombrio, triste, rabugento; pois ninguém fica de tão mau humor, nem sequer uma bonita mulher que acorda com uma espinha no nariz, quanto um autor ameaçado de sobreviver à sua reputação: testemunham-no Marivaux[16] e Crebillon filho[17].

Ele me aborda... "Ah, ah, ei-lo, senhor filósofo; e o que fazeis aqui no meio desse bando de vadios? Será que também perdeis o vosso tempo empurrando a madeira?". É assim que se chama por desprezo jogar xadrez ou damas.

Eu – Não; mas, quando não tenho nada de melhor a fazer, divirto-me olhando por um instante os que sabem empurrá-las bem.

Ele – Nesse caso, vós vos divertis raramente; exceto Philidor e Legal, o resto nada entende disso.

Eu – E o Sr. de Bissy[18], então?

Ele – Esse aí é como jogador de xadrez o que a senhorita Clairon[19] é como atriz. Eles sabem a respeito desses jogos, um e outro, tudo o que se pode aprender.

16. Pierre Carlete de Chamblain de Marivaux (1688-1763), romancista e dramaturgo. *Pharsamon ou le folies romanesques, Les effets suprenants de la sympathie, La voiture embourbée, La vie de Marianne, Le paysan parvenue* são alguns de seus romances. Para o teatro escreveu, entre 1720 e 1740, mais de cinqüenta comédias, como *La surprise de l'amour, La double inconstance, La seconde surprise, Le jeu de l'amour et du hasard* e *Les fausses confidences*.

17. Claude-Prosper Joliot de Crébillon, dito Crebillon filho, (1707-1777), romancista e censor real, cujo pai era o dramaturgo do mesmo nome.

18. Claude-Henri de Bissy, conde de Thiard, (1721-1810), governador de Auxerre e membro da Academia Francesa. Enxadrista e autor dramático, compôs uma tragédia em um ato, a *Extravagance fatale*. Amigo de Diderot, este parece apreciá-lo tanto por seus lances no tabuleiro, como na cena...

19. Claire-Hippolyte-Josèphe Legris de Latude, dita a Clairon, (1723-1803), considerada como a melhor intérprete da cena francesa até meados do século XVIII, estreou numa peça de Marivaux em 1736, na Comédie-Italienne, tendo ingressado em 1743 na Comédie-Française. De temperamento enérgico e imperativo, seu desempenho foi admirado por Voltaire, Diderot e os Filóso-

EU – Vós sois difícil; e vejo que só concedeis o benefício da graça aos homens sublimes.

ELE – Sim, no xadrez, nas damas, em poesia, na eloqüência, em música e em outras bobagens como estas. Para que serve a mediocridade nesses gêneros?

EU – Para pouca coisa, concordo. Mas é preciso que haja um grande número de homens que se apliquem a eles, para fazer surgir o homem de gênio. Ele é um na multidão. Mas deixemos isso. Faz uma eternidade que eu não vos via. Não penso quase em vós, quando não vos vejo. Mas sempre me agrada rever-vos. Que tendes feito?

ELE – O que vós, eu e todos os outros fazem: o bem, o mal e nada. E de resto tive fome, e comi, quando a ocasião se apresentou; após ter comido, tive sede, e bebi algumas vezes. Entrementes; minha barba cresceu, e quando ficou grande, mandei raspá-la.

EU – Fizeste mal. É a única coisa que vos falta para ser um sábio.

ELE – Sim, por certo. Tenho a testa grande e franzida; o olhar ardente; o nariz saliente; as maçãs do rosto largas; as sobrancelhas negras e espessas; a boca bem rasgada; os lábios debruados; e a face quadrada. Se este vasto queixo estivesse coberto por uma longa barba, sabeis que isto ficaria muito bem em bronze ou em mármore.

EU – Ao lado de um César, de um Marco Aurélio, de um Sócrates.

ELE – Não, eu estaria melhor entre Diógenes e Frinéia[20]. Sou tão desaforado como ele, e freqüento de bom grado a casa deles.

fos ilustrados. Após duas décadas de sucessivos êxitos, abandonou o palco em 1765. Entre 1773 e 1787, tempo em que morou na Alemanha, fez uma malograda tentativa de voltar ao teatro. Daí por diante viveu na obscuridade, vindo a falecer em Paris, na miséria.

20. A menção é evidentemente ao filósofo jônio, fundador da escola dos cínicos, Diógenes, (c. 413-323 a.C.), discípulo de Antístenes e célebre por seu comportamento excêntrico para os costumes vigentes e por suas tiradas atrevidas, e à procedência da bela cortesã, Frinéia, (séc. IV a.C.), que foi amante do escultor Praxíteles e lhe serviu de modelo para as estátuas de Afrodite.

EU – Passais sempre bem?

ELE – Habitualmente, sim; mas não maravilhosamente, hoje.

EU – Como? Se estais com um ventre de Sileno[21]; e um rosto...

ELE – Um rosto que se poderia tomar pelo de seu antagonista. É que o mau humor que faz secar o meu caro tio aparentemente engorda o seu caro sobrinho.

EU – A propósito desse tio, vós o vedes algumas vezes?

ELE – Sim, passando na rua.

EU – Ele não vos presta nenhuma ajuda?

ELE – Se ajuda alguém, é sem o suspeitar. É um filósofo, a seu modo. Pensa somente em si; o resto do universo é como se não existisse. Sua filha e sua mulher[22] podem morrer quando quiserem; contanto que os sinos da paróquia, que soarão por elas, continuem a ressoar a duodécima e a décima sétima badaladas[23], tudo estará bem. Isto é uma sorte para ele. E é o que prezo particularmente nos indivíduos de gênio. São bons apenas para uma coisa. Fora isto, nada. Não sabem o que é ser cidadão, pai, mãe, irmão, parente, amigo. Cá entre nós, é preciso assemelhar-se a eles em todos os pontos; mas não desejar que a semente seja comum. É preciso homens; mas quanto aos

21. Na mitologia grega, um dos sátiros, que sempre acompanhava Dioniso-Baco, a quem teria criado e instruído, sendo também considerado o deus da ebriedade.

22. A esposa de Rameau chamava-se Marie-Louise Mangot, filha de um músico do rei, e o casal teve, na realidade, não uma, porém duas filhas, das quais uma entrou para a ordem da Visitação e a outra se casou com um mosqueteiro do rei.

23. O que está em causa nesta passagem é a questão dos harmônicos que serviram de base ao sistema de Rameau para construir acordes perfeitos: por exemplo, a partir de um som fundamental, o dó (ut), do lá bemol (décima sétima acima) e do fá (décima segunda acima). Rousseau, em sua polêmica contra o musicista, e d'Alembert, estribado em dados das experiências das cordas vibrantes de D. Bernouilli, submeteram a teoria a uma crítica estrutural, que serve de pretexto ao Sobrinho, na sua fala, para ironizar o tio, o qual é apresentado como um teórico genial, mas cioso de seu método e não como um artista arrebatado por sua arte.

homens de gênio, nenhum. Não, por minha fé, não é preciso nenhum. São eles que mudam a face do globo; e nas menores coisas, a tolice é tão comum e tão poderosa que ninguém a reforma sem grande confusão. Parte do que imaginaram, institui-se. Parte permanece como era; daí dois evangelhos; um traje de Arlequim. A sabedoria do monge de Rabelais[24] é a verdadeira sabedoria, para o seu repouso e o dos outros: cumprir o seu dever, assim-assim; sempre falar bem do senhor prior; e deixar o mundo seguir ao sabor de sua fantasia. Ele vai bem, já que a multidão está contente com ele. Se soubesse história, eu vos mostraria que o mal sempre surgiu aqui embaixo, por obra de algum homem de gênio. Mas eu não sei história, porque não sei nada. Que o diabo me carregue, se jamais aprendi alguma coisa; e se, por não ter aprendido nada, eu me encontro em pior situação. Um dia, eu estava à mesa de um ministro[25] do rei de França, que tem espírito por quatro; pois bem, ele nos demonstrou, como um e um são dois, que nada era mais útil aos povos do que a mentira; nada mais prejudicial do que a verdade. Não me lembro bem de suas provas; mas delas seguia-se evidentemente que as pessoas de gênio são detestáveis, e que se uma criança trouxesse, ao nascer, sobre a fronte, a característica desse perigoso presente da natureza, dever-se-ia sufocá-la ou jogá-la no antro de vadios.

Eu – Entretanto, essas personagens aí, tão inimigas do gênio, pretendem todas tê-lo.

Ele – Creio de fato que pensam assim dentro de si mesmas; mas não creio que ousassem confessá-lo.

Eu – É por modéstia. Vós concebestes, pois, desde então, um ódio terrível contra o gênio.

Ele – Para nunca mais voltar atrás.

Eu – Mas eu vos vi há certo tempo desesperar-se por não serdes senão um homem comum. Jamais haveis de ser feliz, se

24. Personagem de *Gargântua*, Frei Jean des Entommeures.

25. Supõe-se que seja Etiénne-François, duque de Choiseul, (1719-1785), que serviu a Luís XV, de quem chegou a ser uma espécie de primeiro ministro, e cuja veia cáustica e cínica era proverbial.

o pró e o contra vos afligir igualmente. Seria preciso tomar um partido, e permanecer fiel a ele. Embora convindo convosco que os homens de gênio são comumente singulares, ou como diz o provérbio, que não há grandes espíritos sem um grão de loucura, isto a nada nos levará. Desprezar-se-ão os séculos que não os tiverem produzido. Eles serão motivo de honra para os povos entre os quais tiverem existido; cedo ou tarde, erigir-se-lhes-ão estátuas, e eles serão encarados como benfeitores do gênero humano. Não em desagrado ao ministro sublime que me haveis citado, creio que se a mentira pode servir por um momento, ela é a longo prazo necessariamente prejudicial; e que, ao contrário, a verdade serve necessariamente a longo prazo, embora possa ocorrer que ela prejudique no momento. Donde eu seria tentado a concluir que o homem de gênio que desacredita um erro geral, ou que acredita uma grande verdade, é sempre um ser digno de nossa veneração. Pode acontecer que este ser seja vítima do preconceito e das leis, mas há duas espécies de leis: umas, de uma eqüidade e de uma generalidade absolutas; outras, bizarras, que devem sua sanção tão-somente à cegueira ou à necessidade das circunstâncias. Estas não cobrem o culpado que as infringe senão de uma ignomínia passageira; ignomínia que o tempo reverte sobre os juízes e as nações, para aí remanescer para sempre. Quem é hoje o desonrado, Sócrates, ou o magistrado que o fez beber a cicuta?

Ele – E adiantou muito! Por isso, deixou ao menos de ser condenado? Por isso, deixou ao menos de ser morto? Por isso, deixou ao menos de ser um cidadão turbulento? Pelo desprezo a uma lei má, por isso deixou menos de encorajar os loucos ao desprezo pelas boas leis? Por isso deixou menos de ser um indivíduo audacioso e bizarro? Vós não ficastes muito longe, há pouco, de uma confissão pouco favorável aos homens de gênio.

Eu – Escutai, meu caro! Uma sociedade não deveria ter em absoluto leis más; e se as tivesse apenas boas, jamais seria compelida a perseguir um homem de gênio. Eu não vos disse que o gênio estava indivisivelmente ligado à maldade, nem a maldade ao gênio. Um tolo será com mais freqüência um malvado do que um homem de espírito. Ainda que um homem de gênio fosse comumente de duro trato, difícil, espinhoso, ainda que fosse um malvado, o que ireis concluir daí?

ELE – Que era bom para ser afogado.

EU – Devagar, meu caro. Vamos, diga-me; não tomarei vosso tio como exemplo; ele é um homem duro; é um sujeito brutal; não tem humanidade; é avaro; é mau pai, mau esposo; mau tio; mas ainda não está suficientemente decidido que seja um homem de gênio; que tenha levado sua arte muito longe, e que se discutam suas obras dentro de dez anos. Mas Racine? Este por certo possuía gênio, e não passava por ser um homem muito bom. Mas Voltaire?

ELE – Não me pressioneis; pois eu sou conseqüente.

EU – Qual dos dois preferis? Ou que ele tivesse sido um bom homem, identificado com seu negócio, como Briasson[26], ou com sua vara de medir, como Barbier[27]; fazendo regularmente todos os anos um filho legítimo na sua mulher, um bom marido; bom pai, bom tio, bom vizinho, comerciante honesto, mas nada mais; ou que tivesse sido velhaco, traidor, ambicioso, invejoso, perverso; mas autor de *Andromaque*, de *Britannicus*, de *Iphigènie*, de *Phèdre*, de *Athalie*[28]?

ELE – Quanto a ele, por minha fé, talvez tivesse valido mais que, desses dois homens, ele houvesse sido o primeiro.

EU – Isso é mesmo infinitamente mais verdadeiro do que vós o sentis.

ELE – Oh! Aí estais vós, vós outros! Se dizemos alguma coisa de bom, é como loucos, ou inspirados; por acaso. Não entendeis a ninguém mais senão a vós outros. Sim, senhor filósofo. Eu me entendo; e eu me entendo assim como vós vos entendeis.

26. Antoine-Claude Briasson, (m. 1775), livreiro, associou-se com Lebreton, David e Durand para a publicação da *Encyclopédie*. Coube a ele apaziguar Diderot, que se desentendera com Lebreton e abandonara o trabalho de enciclopedista.

27. Rico mercador de tecidos, estabelecido à rue des Bourdonnais, com uma loja denominada La Barbe d'Or.

28. Tragédias de Racine.

Eu – Vejamos; pois bem, por que quanto a ele?

Ele – É que todas essas belas coisas que ele fez não lhe renderam sequer vinte mil francos; e que se tivesse sido um bom comerciante de seda da rua Saint-Denis ou Saint-Honoré, um bom especieiro atacadista, um boticário bem afreguesado, teria acumulado uma fortuna imensa, e acumulando-a não haveria nenhuma espécie de prazer que não houvesse gozado; que teria dado de tempo em tempo uma moeda a um pobre diabo, bufão como eu, que o teria feito rir, que lhe teria arrumado na ocasião uma jovem que o desanuviasse da eterna coabitação com sua mulher; que teríamos feito excelentes repastos em sua casa, jogado jogo alto; bebido excelentes licores, excelentes cafés, feito divertidas festas campestres; e vedes que eu me entendia. Estais rindo. Mas deixai-me dizer. Teria sido melhor para as pessoas à sua volta.

Eu – Sem contradita; desde que não tivesse empregado de maneira desonesta a opulência que houvesse adquirido por um comércio legítimo; que tivesse afastado de sua casa todos esses jogadores; todos esses parasitas; todos esses insípidos complacentes, todos esses vadios, todos esses perversos inúteis; e que mandasse surrar a golpes de porrete, por seus moços de balcão, o homem oficioso que alivia, pela variedade, os maridos, do desgosto de uma coabitação habitual com suas mulheres.

Ele – Surrar, senhor, surrar! Não se surra ninguém em uma cidade bem policiada. É um ofício honesto. Muita gente, inclusive titulada[29], se envolve nele. E, para que diabo, quereis vós que a pessoa empregue o seu dinheiro, se não for para a boa mesa, boa companhia, bons vinhos, belas mulheres, prazeres de todos os matizes, divertimentos de todas as espécies? Eu gostaria mais de ser mendigo do que possuir uma grande fortuna, sem nenhum desses prazeres. Mas voltemos a Racine. Este homem só foi bom para os desconhecidos, e para o tempo em que já não vivia.

Eu – De acordo. Mas pesai o mal e o bem. Daqui a mil anos, ele fará verter lágrimas; ele será objeto de admiração dos

29. É o caso do Cavaleiro, no romance de Diderot, *Jacques, o Fatalista*.

homens, em todos os recantos da terra. Ele inspirará a humanidade, a comiseração, a ternura; perguntar-se-á quem era, de que país, e a França será invejada. Ele fez sofrer alguns seres que não vivem mais, aos quais não mais dedicamos quase nenhum interesse; nós não temos nada a temer nem de seus vícios nem de seus defeitos. Teria sido melhor, sem dúvida, que tivesse recebido as virtudes de um homem de bem, com os talentos de um grande homem. É uma árvore que fez secar algumas outras árvores plantadas em sua vizinhança; que sufocou as plantas que cresciam a seus pés; mas que elevou sua copa até as nuvens; seus ramos estenderam-se até longe; emprestou sua sombra aos que vieram, que vêm e virão repousar em redor de seu tronco majestoso; produziu frutos de um raro sabor e que se renovam sem cessar. Seria desejável que Voltaire tivesse ademais a doçura de Duclos[30], a ingenuidade do abade Trublet, a retidão do abade d'Olivet[31]; mas, uma vez que isto não é possível, olhemos a coisa pelo lado verdadeiramente interessante; esqueçamos por um momento o ponto que ocupamos no espaço e no tempo; e estendamos nossa vista aos séculos por vir, às

30. Charles Pinot Duclos, (1704-1772), ensaísta, historiador e romancista, foi secretário perpétuo da Academia Francesa e, como tal, responsável pela edição do *Dicionário* (1762) dos Filósofos; amigo dos Enciclopedistas, ele o era mais ainda de Rousseau; sua linguagem franca e rudeza de maneiras o tornaram conhecido e temido.

31. Nicolas-Charles-Joseph Trublet, (1697-1770), abade, bom gramático e estilista, membro da Academia Francesa, notabilizou-se por sua oposição aos Filósofos e pela antipatia que Voltaire e Diderot lhe dedicavam. Pierre-Joseph Thoulier, (1682-1768), jesuíta, abade d'Olivet, gramático e historiador da Academia; os Filósofos não confiavam nele; Diderot e seus amigos nutriam particular reserva a seu respeito e em várias ocasiões escreveram a Voltaire, pondo-o em guarda contra a "hipocrisia" deste acadêmico. Assim, a sua qualificação carinhosa no texto, tal como dos outros dois nomes mencionados acima, deve ser entendida ao revés. A tradução de *abbé* poderia ser simplesmente a de "padre", pois os religiosos assim titulados pertenciam muitas vezes ao clero secular e não eram propriamente dignitários abaciais, mas na França a denominação manteve-se por referência à origem monástica da paróquia ou à Sé, a que os clérigos assim designados pertenciam, razão pela qual o tratamento foi preservado em português.

regiões mais afastadas e aos povos por nascer. Pensemos no bem de nossa espécie. Se não somos bastante generosos, perdoemos ao menos à natureza por ter sido mais sábia do que nós. Se jogardes água fria sobre a cabeça de Greuze[32], extinguireis talvez seu talento com sua vaidade. Se tornardes Voltaire menos sensível à crítica, ele não saberá mais descer à alma de Mérope[33]. Ele não mais vos tocará.

Ele – Mas se a natureza fosse tão poderosa quanto sábia, por que não os fez tão bons quanto grandes?

Eu – Mas não vedes que com semelhante raciocínio inverteis a ordem geral, e que se tudo aqui embaixo fosse excelente, não haveria aí nada de excelente.

Ele – Tendes razão. O ponto importante é que vós e eu sejamos, e que nós sejamos vós e eu. Que tudo o mais vá como puder. A melhor ordem das coisas, em minha opinião, é aquela em que eu devia estar; e dane-se o mais perfeito dos mundos, se eu não estou nele. Prefiro ser, e mesmo ser argumentador impertinente do que não ser.

Eu – Não há ninguém que pense como vós, e que submeta a processo a ordem existente, sem aperceber-se que renuncia à sua própria existência.

Ele – É verdade.

Eu – Aceitemos, pois, as coisas como elas são. Vejamos o que elas nos custam e o que nos rendem; e deixemos de lado o todo que nós não conhecemos bastante para louvá-lo ou censurá-lo; e que talvez não seja nem bem nem mal; se for necessário, como muitas pessoas honestas o imaginam[34].

Ele – Eu não entendo lá muita coisa de tudo o que declamais. Trata-se aparentemente de filosofia; eu vos previno que não me meto nisso. Tudo o que sei é que eu desejaria realmente ser um outro, ao risco de ser um homem de gênio, um

32. Jean-Baptiste Greuze, (1725-1805), pintor que melhor exprimiu em suas telas o gênero edificante, tão a gosto do ideário de Diderot.

33. Personagem da tragédia de mesmo nome, escrita por Voltaire. A peça estreou no Théâtre Français, em 1743.

34. A formulação remete a um determinismo que independe dos juízos de valor do bem e do mal.

grande homem. Sim, é preciso que eu o reconheça, há algo dentro de mim que mo diz. Nunca ouvi louvar um só, sem que o elogio não me fizesse secretamente enraivecer. Sou invejoso. Quando fico sabendo de algum fato que degrade a vida privada dele, eu o escuto com prazer. Isto nos aproxima. Suporto mais facilmente a minha mediocridade. Digo para mim mesmo: certo, jamais terias feito *Maomé*; mas tampouco o elogio de Maupeoux[35]. Fiquei, pois, e fico irritado por ser medíocre. Sim, sim, sou medíocre e irritado. Nunca ouvi tocar a abertura das *Indes galantes*; nunca ouvi cantar *Profonds abymes du Tenare, Nuit, eternelle nuit*[36], sem me dizer com muita dor: eis algo que jamais farás. Eu sentia, pois, ciúme de meu tio; e se, quando morreu, houvesse em sua pasta algumas belas peças de cravo, eu não teria vacilado entre continuar sendo eu mesmo e ser ele.

EU – Se é somente isto que vos desgosta, não vale muito a pena.

ELE – Não é nada. São momentos que passam.

(Depois, ele se pôs a cantar a abertura das *Indes galantes*, e a ária *Profonds abymes*; e acrescentou:)

"Este algo que está aí e que me fala, me diz: Rameau, tu bem que gostarias de ter feito esses dois trechos; se tivesses feito esses dois trechos, farias realmente dois outros; e quando tivesses feito certo número deles, serias tocado, serias cantado por toda parte; quando andasses, terias a cabeça erguida; a consciência dar-te-ia testemunho a ti mesmo de teu próprio mérito; os outros te apontariam com o dedo. Diriam: foi ele quem fez as belas gavotas (e ele cantava as gavotas; depois, com o ar de um

35. René-Nicolas-Augustin de Maupeoux ou Maupeou, (1714-1792), foi conselheiro do Parlamento de Paris e seu primeiro presidente; mais tarde, como chanceler do rei e guarda-selos, defrontou-se com a oposição jansenista nesta assembléia e acabou obtendo a sua dissolução por Luís XV, o que lhe granjeou grande impopularidade. Voltaire, no entanto, o apoiou em vários escritos, inclusive em *Maomé*, por encontrar naquela medida uma concretização de sua luta contra a venalidade dos ofícios, julgamento de que Diderot não partilhava.

36. *Indes galantes* é uma ópera-balé de Rameau sobre um libreto de Louis Fuzeliere (1672-1752), estreada em 1735. No texto, o Sobrinho cita também, sem rigor, os dois primeiros versos de *Le temple de la gloire*, de Voltaire e Rameau.

homem comovido, que nada na alegria, e que está com os olhos úmidos, acrescentava, esfregando as mãos:) Terias uma boa casa (e ele media-lhe a extensão com os braços), um bom leito (e ele se estirava displicentemente), bons vinhos (que ele provava estalando a língua contra o palato), uma boa carruagem (e ele levantava o pé para nela subir), belas mulheres (a quem ele já segurava o pescoço e que ele mirava voluptuosamente); cem biltres viriam incensar-me todos os dias (e ele acreditava vê-los ao seu redor; ele via Palissot, Poinsinet, os Frérons pai e filho, La Porte[37]; ele os ouvia; ele se empertigava, os aprovava, sorria-lhes, desdenhava-os, menosprezava-os, expulsava-os, repelia-os; depois continuava:) e é assim que te diriam de manhã que tu és um grande homem; tu lerias na história dos *Trois siècles*[38] que és um grande homem; tu estarias convencido à noite que és um grande homem; e o grande homem, Rameau, o sobrinho, adormeceria ao doce murmúrio do elogio que ressoaria em seus ouvidos; mesmo dormindo, ele teria o ar satisfeito; seu peito se dilataria, se elevaria e se abaixaria com facilidade; ele ressonaria

37. Charles Palissot de Montenoi, (1730-1814), escritor satírico, amigo de Fréron e membro do partido devoto, investiu nas suas comédias contra os Enciclopedistas. Louis Poinsinet de Sivry, (1733-1804), poeta, tradutor e dramaturgo, foi pessoa de confiança do duque de Orléans e adversário dos Filósofos, que ele ridicularizava em suas peças. Seu primo, Antoine-Alexandre-Henri Poinsinet, (1735-1769), dito o Jovem, também combateu com a sua pena burlesca de comediógrafo os expoentes das Luzes, inclusive Diderot. Elie-Catherine Fréron, (1719-1776), jornalista, apelidado de Frelon ou Wasp por Voltaire, considerado um dos precursores da crítica literária moderna, pertenceu à corrente contrária aos Enciclopedistas e à Ilustração, embora não fosse um espírito retrógrado e estivesse aberto à ciência e às novas tendências na literatura. Stanislas-Louis-Marie Fréron, (1754-1802), colaborou com seu pai a partir de 1774 e o sucedeu na direção da revista *L'Année littéraire*, em 1776; durante a Revolução Francesa fez parte dos Cordeliers e, como representante de Marselha e Toulon, da Convenção Nacional. Joseph de la Porte, (1713-1779), abade, compilador e publicista, foi colaborador de Fréron e, desavindo-se com ele, criou um periódico, o *Observateur littéraire*, que teve vida efêmera.

38. *Le trois siècles de la littérature française*, livro publicado em 1772 e atribuído ao abade Sabatier de Castres, (1742-1817), mostra-se hostil a Voltaire e à *Encyclopédie* em suas recensões, sendo muito reticente em relação a Diderot e a seu círculo de amigos.

como um grande homem". E assim falando ele se deixava cair molemente sobre uma banqueta; ele fechava os olhos, e imitava o sono feliz que imaginava. Após haver saboreado por alguns instantes a doçura desse repouso, ele acordava, bocejava, esfregava os olhos, e procurava ainda à sua volta seus insípidos aduladores.

EU – Acreditais, pois, que o homem feliz tem sono tranqüilo?

ELE – Se acredito! Eu, pobre diabo, quando à noite volto ao meu sótão e me enfio no meu catre, e me encolho debaixo de minha coberta, tenho o peito opresso e a respiração perturbada; é uma espécie de gemido fraco que mal se ouve; ao passo que um financista faz ressoar seu apartamento, e espanta a rua inteira. Mas o que me aflige hoje não é roncar e dormir mesquinhamente, como um miserável.

EU – Isso é, no entanto, triste.

ELE – O que me aconteceu é muito mais.

EU – E o que foi?

ELE – Vós sempre tivestes algum interesse por mim, porque sou um pobre diabo que no fundo desprezais, mas que vos diverte.

EU – É verdade.

ELE – E eu vos direi.

Antes de começar, solta um profundo suspiro e leva as duas mãos à testa. Em seguida, retoma um ar tranqüilo e me diz:

"Vós sabeis que sou um ignorante, um tolo, um louco, um impertinente, um preguiçoso, aquilo que nós borgonheses chamamos de rematado tunante, um velhaco, um guloso...*

EU – Que panegírico!

ELE – É verdade em todos os pontos. Não há uma palavra a descartar. Nada de contestação, por favor. Ninguém me conhece melhor do que eu mesmo; e eu não disse tudo.

*. Chamamos a atenção do leitor para o sistema de aspas usado em nossa tradução, que segue fielmente a forma apresentada nas edições críticas, o que por certo deve corresponder aos manuscritos de cópias de Diderot por elas utilizado. (N. do T.)

EU – Não quero de modo algum aborrecer-vos; e concordarei com tudo.

ELE – Pois bem, eu vivi com pessoas que se haviam afeiçoado a mim, precisamente porque eu era dotado, num grau muito raro, de todas estas qualidades.

EU – Isso é singular. Até agora, eu acreditava ou que as pessoas as escondessem de si próprias, ou que as perdoassem quando suas, e que as desprezassem nos outros.

ELE – Escondê-las de si próprio, será que se pode? Ficai certo de que Palissot, quando está só e quando se volta para si, diz a si próprio coisas bem diferentes. Estai seguro de que num encontro a sós com seu colega[39], eles confessam francamente um ao outro que não passam de dois insignes patifes. Desprezá-las nos outros! Aquelas minhas pessoas eram mais justas, e seu caráter assegurava maravilhosamente o meu sucesso junto delas. Eu estava como um peixe dentro d'água. Festejavam-me. Não me perdiam de vista um momento sequer sem lamentar. Eu era o seu pequeno Rameau, o seu lindo Rameau, o seu Rameau, o louco, o impertinente, o ignorante, o preguiçoso, o guloso, o palhaço, o bestalhão. Não havia um único desses epítetos familiares, que não me valesse um sorriso, uma carícia, uma pequena palmada nos ombros, um tapa, um pontapé, à mesa, um bom bocado que me jogavam no prato, fora da mesa uma liberdade que eu tomava sem maior conseqüência; pois eu, eu sou inconseqüente. Fazem de mim, comigo, diante de mim, tudo o que querem, sem que eu me formalize com isso; e os presentinhos que choviam? E eu, o grandíssimo cachorro que sou, perdi tudo! Perdi tudo por ter tido o bom senso, uma vez, uma só vez em minha vida; ah, se isso jamais me acontecesse!

EU – De que se tratava, pois?

ELE – De uma tolice incomparável, incompreensível, imperdoável.

EU – De que tolice afinal se trata?

39. Deve referir-se a Fréron, que era colega de Palissot, na Academia Real de Nancy.

ELE – Rameau, Rameau, fostes pego por isso? Pela tolice de haverdes tido um pouco de gosto, um pouco de espírito, um pouco de razão. Rameau, meu amigo, isso vos ensinará a permanecer aquilo que Deus vos fez, e aquilo que vossos protetores vos almejavam. Por isso vos agarraram pelos ombros; conduziram-vos até a porta e vos disseram: 'Puxa daqui, velhaco; não reapareças mais. Isso aí pretende ter senso, razão, creio! Puxa daqui. Temos essas qualidades, de sobra'. E lá fostes vós mordendo os dedos; é vossa língua maldita que era preciso morder antes. Por não terdes sido precavido, eis que estais no olho da rua, sem chão, e não sabendo onde bater a cabeça. A comida vos era posta na boca, e agora voltareis ao despejo[40]. Tínheis boa casa, e agora ficareis muito feliz se vos devolverem vosso sótão; boa cama, e agora a palha vos espera entre o cocheiro do Sr. de Soubise e o amigo Robbé[41]. Em vez de um sono doce e tranqüilo, como era o vosso, ouvireis com uma orelha o relincho e o patear dos cavalos, e, com a outra, o ruído mil vezes mais insuportável de versos, secos, duros e bárbaros[42]. Malfadado, imprudente, possuído por um milhão de diabos!

EU – Mas não haveria meio de se repatriar? A falta que cometestes é tão imperdoável? Em vosso lugar, eu iria procurar minha gente. Vós sois mais necessário a eles do que credes.

40. De comensal à mesa farta dos financistas, que reuniam assim, à sua volta, os literatos e artistas de cujo convívio se gabavam, o Sobrinho, ao ser banido desta condição, vê-se obrigado a recorrer aos restos do mercado.

41. O leito prometido é o das amplas cavalariças, as maiores de Paris, do palácio de Soubise, edifício que hoje abriga os Archives Nationales; o seu proprietário era Charles de Rohan Soubise, (1717-1787), príncipe de Soubise, marechal de França e ministro de Estado de Luís XV. O "amigo" Robbé, como o cognominou Diderot ironicamente, era Pierre-Honoré Robbé de Beauveset, (1712-1792), autor de contos licenciosos e de um poema medíocre sobre a sífilis, *La vérole*, que lhe granjeou fama e o tornou alvo da pena mordaz de alguns de seus contemporâneos; converteu-se ao jansenismo, depois de testemunhar feitos milagrosos operados sobre o túmulo de um diácono, e foi membro do partido devoto.

42. A crítica do diálogo de Diderot tende a ver nesta passagem uma paráfrase à atriz da Comédie-Française, Mlle. Hus. Convém notar que, no original, o emprego da palavra *vers* pode ter sido feito com duplo sentido, pois ela significa tanto "verso", quanto, no plural de *ver*, "vermes".

ELE – Oh, estou certo de que agora que eles não me têm mais para fazê-los rir, eles se entediam como cães.

EU – Eu iria, pois, procurá-los. Não lhes daria tempo para se arranjarem sem mim, a fim de se voltarem para algum divertimento honesto, pois quem sabe o que pode acontecer?

ELE – Não é o que temo. Isso não acontecerá.

EU – Por mais sublime que sejais, um outro poderá substituir-vos.

ELE – Dificilmente.

EU – De acordo. Entretanto, eu iria com esse rosto desfeito, esses olhos perdidos, esse colarinho desalinhado, esses cabelos desgrenhados, nesse estado verdadeiramente trágico em que estais. Atirar-me-ia aos pés da divindade. Colaria a face contra a terra, e sem me levantar, eu lhe diria com voz baixa e soluçante: 'Perdão, senhora, perdão! Sou um indigno, um infame. Foi um instante infeliz; pois sabeis que não sou pessoa de bom senso, e vos prometo não tê-lo em toda a minha vida'".

O que há de engraçado é que, enquanto eu lhe fazia este discurso, ele executava a respectiva pantomima. Prosternara-se; colara a face na terra, parecia ter entre as duas mãos a ponta de uma pantufa; chorava; soluçava; dizia: "Sim, minha rainhazinha; sim, eu o prometo; não o terei por toda a minha vida, por toda a minha vida". Depois, erguendo-se bruscamente, acrescentou em tom sério e refletido:

ELE – Sim, tendes razão. Creio que é o melhor. Ela é bondosa. O Sr. Vieillard diz que ela é tão bondosa![43] Eu também sei um pouco que ela o é. Mas, no entanto, ir humilhar-se diante daquela macaca! Clamar misericórdia aos pés de uma miserável e pequena histriã que os assobios da platéia não cessam de perseguir! Eu, Rameau, filho do Sr. Rameau, boticário de Dijon[44], que é um homem de bem e que jamais dobrou o joelho

43. A referência é maliciosa, pois alude à infidelidade de Mlle. Hus, que trai seu amante com o filho do diretor das Águas de Passy, Guillaume Le Vieillard, vizinho da casa de veraneio de Bertin, fato que provocou o rompimento deste último com a atriz, em 1761.

44. O pai de Rameau era organista em Dijon e não boticário. Alguns estudiosos da obra de Diderot atribuem o engano a uma possível confusão com

diante de quem quer que seja. Eu, Rameau, o sobrinho daquele a quem denominam o grande Rameau; que se vê passear, ereto e com os braços no ar, no Palais Royal, depois que o Sr. Carmontel[45] o desenhou curvado, e com as mãos sob as abas de seu casaco! Eu que compus peças de cravo[46] que ninguém toca, mas que serão talvez as únicas que passarão à posteridade que as tocará; eu, eu enfim! Eu hei de ir!... Escute, senhor, isso não é possível. (E pondo a mão direita sobre o peito, acrescentou:) Sinto aqui algo que se ergue e me diz: Rameau, tu não farás isso. É preciso que haja uma certa dignidade ligada à natureza do homem, que nada pode sufocar. Isto surge a propósito de nada. Sim, a propósito de nada; pois há outros dias em que não me custaria nada ser tão vil quanto se queira; nesses dias, por um *sou*, eu beijaria o cu da pequena Hus[47].

EU – Eh! Mas, amigo, ela é alva, bonita, jovem, doce, gorducha; e é um ato de humildade ao qual um outro mais delicado do que vós poderia rebaixar-se algumas vezes.

ELE – Entendamo-nos; é que há o beijar o cu simplesmente e o beijar o cu figurado. Perguntai ao gordo Bergier[48] que beija

outra figura destacada daquela cidade, Alexis Piron, (1689-1773), cujo pai era realmente dono de uma botica.

45. Louis Carogis, chamado Carmontelle ou Carmontel, (1717-1806), leitor do duque de Orléans e organizador de suas festas, pintor, caricaturista famoso e autor teatral que criou o gênero do provérbio dramático.

46. As composições para cravo de Jean-François Rameau perderam-se, mas Fréron as nomeia no *Année littéraire*.

47. Adélaïde-Louise-Pauline Hus, (1734-1805), atriz da Comédie-Française, de pouco talento, hostil aos Filósofos e hostilizada por eles, particularmente por Diderot que não a poupa como intérprete e tece comentários maliciosos sobre a sua conduta com respeito a seu amante de 1746 a 1761, o financista Bertin de Blagny.

48. Claude-François Bergier, (1721-1784), cognominado o "gordo Bergier", advogado no Parlamento de Paris, tradutor do inglês; era irmão de Nicolas-Sylvestre Bergier, (1718-1790), abade, teólogo, polemista e censor dramático, autor de numerosas e alentadas obras contra os Filósofos e Voltaire, bem como de uma refutação ao *Sistema da Natureza*, de Holbach, além de um tratado histórico e dogmático sobre a verdadeira religião, em 12 volumes.

o cu da senhora de La Marck[49] no modo simples e no figurado; e por minha fé, tanto o simples quanto o figurado me desagradariam igualmente.

Eu – Se o expediente que eu vos sugiro não vos convém, tende pois a coragem de ser mendigo.

Ele – É duro ser mendigo, ao passo que há tantos tolos opulentos a cujas custas se pode viver. E, além disso, o desprezo de si próprio é insuportável.

Eu – Será que conheceis tal sentimento?

Ele – Se o conheço! Quantas vezes eu disse a mim próprio: Como, Rameau? Há dez mil boas mesas em Paris, com quinze a vinte talheres cada uma, e não há uma só para ti! Há bolsas cheias de ouro que são vertidas à direita e à esquerda, e delas não cai uma só moeda para ti! Mil belos espiritozinhos, sem talento e sem mérito; mil criaturinhas, sem encantos; mil intrigantes rasteiros estão bem vestidos, e tu deves andar inteiramente nu? E serias imbecil a tal ponto, será que não saberias adular como um outro? E será que tu não saberias mentir, jurar, perjurar, prometer, manter ou descumprir como um outro? Será que não saberias te pôr de quatro, como um outro? Será que tu não saberias favorecer a intriga da senhora, e levar o doce bilhete do senhor, como um outro? Será que tu não saberias encorajar este moço a falar com a senhorita, e persuadir a senhorita a escutá-lo, como um outro? Será que tu não saberias fazer a filha de um de nossos burgueses entender que está mal arrumada; que belos brincos, um pouco de ruge, rendas, um vestido à polonesa[50], lhe assentariam admiravelmente? Que seus pezinhos não foram feitos para andar na rua? Que há um belo senhor, jovem e rico, que tem uma casaca engalanada de ouro, uma soberba carruagem, seis grandes lacaios, que a viu ao passar,

49. Marie-Anne Françoise de Noailles, condessa de La Marck, (1719-?), a quem Diderot alcunhou de "a gorda condessa", protetora de Palissot e do grupo devoto e antifilosófico.

50. Traje de festa, uma espécie de redingote, em geral guarnecido de pele, com brocados e galões, que a atriz Navarre lançou em honra de seu amante, o marechal de Saxe, filho bastardo de Augusto II da Polônia.

que a achou encantadora; e que desde esse dia deixou de beber e de comer; que não dorme mais, e que morrerá por isso? “Mas, meu papai? – Ora, ora; vosso papai!, ele se zangará um pouco no início. – E mamãe que me recomenda tanto que eu seja uma moça honesta, que me diz que não há nada neste mundo como a honra. – Velhas falas que nada significam. – E meu confessor? – Não o vereis mais: ou se persistirdes na fantasia de ir contar-lhe a história de vossos divertimentos; isto vos custará algumas libras de açúcar e café. – É um homem severo que já me recusou a absolvição por causa da canção *Viens dans ma cellule*[51] (Vem à Minha Cela). – Foi porque vós não tínheis nada para dar-lhe... Mas, quando lhe aparecerdes vestida de rendas... – Terei rendas então? – Sem dúvida e de todas as espécies... com belos brincos de diamantes. – Terei então belos brincos de diamantes? – Sim. – Como os daquela marquesa que vem às vezes comprar luvas em nossa loja? – Precisamente. Numa bela carruagem, com uma parelha de cavalos tordilhos cinzentos; dois grandes lacaios, um negrinho, e o batedor à frente, com ruge, moscas no rosto e cauda do vestido carregada. – Ao baile? – Ao baile... Ao Opéra, à Comedie...” O coração já lhe estremece de alegria. Brincas com um papel entre os dedos... “O que é isso? – Não é nada. – Parece-me que sim. – É um bilhete. – E para quem? – Para vós, se fôsseis um pouco curiosa. – Curiosa, eu sou muito. Vejamos...” Ela o lê... “Um encontro, isso não é possível. – Na ida à missa. – Mamãe me acompanha sempre; mas se ele viesse aqui bem cedo; sou a primeira a me levantar; e estou no balcão antes que alguém se levante”. Ele vem: ele agrada; um belo dia, à noitinha, a pequena desaparece, e me passam os meus dois mil escudos... O que?, possuis este talento e te falta pão? Não tens vergonha, infeliz? Lembrava-me de um monte de tratantes, que não chegavam aos meus pés e que regurgitavam de riquezas. Eu usava um sobretudo de barregana[52] e eles estavam cobertos de veludo; apoiavam-se na bengala de castão de ouro e em bico

51. Canção intitulada *La Sollicitation*, constando da XVIª coletânea de *Le Chansonnier français*, 1762.

52. Tecido grosso de lã, durável.

de corvo; e eles traziam no dedo anéis com efígies de Aristóteles ou de Platão[53]. E, no entanto, quem eram eles? Na maioria miseráveis troca-teclas[54]; hoje são uma espécie de senhores. Então eu me sentia com coragem, a alma elevada; o espírito sutil e capaz de tudo. Mas essas felizes disposições aparentemente não duravam muito; pois até o presente momento não consegui trilhar um caminho certo. Como quer que seja, eis o texto de meus freqüentes solilóquios que vós podeis parafrasear à vossa fantasia; desde que chegueis à conclusão de que conheço o desprezo de si mesmo, ou esse tormento da consciência que nasce da inutilidade dos dons que o céu nos concedeu; é o mais cruel de todos. Seria talvez melhor que o homem não tivesse nascido.

Eu o escutava; e à medida que ele fazia a cena do proxeneta e da donzela que este seduzia; com a alma agitada por dois movimentos opostos, eu não sabia se me abandonaria ao desejo de rir, ou ao transporte da indignação. Eu sofria. Vinte vezes uma explosão de riso impediu que minha cólera estourasse; vinte vezes a cólera que se erguia do fundo de meu coração terminou por uma explosão de riso. Sentia-me confundido com tanta sagacidade e tanta baixeza; idéias tão justas e alternativamente tão falsas; de uma perversidade tão geral de sentimentos, de uma torpeza tão completa e de uma franqueza tão pouco comum. Ele se apercebeu do conflito que se passava em mim: "O que tendes?, perguntou-me.

Eu – Nada.

Ele – Vós me pareceis perturbado.

Eu – Também estou.

Ele – Mas enfim, o que me aconselhais?

Eu – Mudar de conversa. Ah, infeliz, em que estado de abjeção nascestes ou caístes?

53. Mais do que a efígie nos anéis, é possível que a menção seja a seus diamantes, cujos quilates eram classificados segundo os nomes desses filósofos gregos.

54. Forma pejorativa, para músico pobre e sem talento.

Ele – Concordo. Mas, contanto que meu estado não vos toque demais. Meu propósito, ao me abrir convosco, não era de modo algum para vos afligir. Fiz enquanto vivi com essa gente alguma economia. Imaginai que eu não tinha necessidade de nada, de absolutamente nada; e que me davam o bastante para os meus prazeres miúdos".

Então recomeçou a golpear-se na fronte, com um dos punhos, a morder os lábios e a revirar para o teto os olhos desnorteados; acrescentando: "Mas é negócio feito. Eu pus alguma coisa de lado. O tempo se escoou; e é sempre outro tanto economizado.

Eu – Quereis dizer, perdido.

Ele –Não, não, economizado. A gente se enriquece a cada instante. Um dia a menos para viver, ou um escudo a mais; é tudo a mesma coisa. O ponto importante é ir comodamente, livremente, agradavelmente, copiosamente, todas as noites à privada. *O stercus pretiosum*! (Ó, esterco precioso!). Eis o grande resultado da vida em todos os estados. No último momento, todos são igualmente ricos; quer Samuel Bernard[55] que à força de roubos, pilhagens, bancarrotas deixa vinte e sete milhões em ouro, quer Rameau, que não deixará nada; Rameau a quem a caridade fornecerá a mortalha de estopa com a qual o envolverão. A morte não ouve tocar os sinos. É em vão que cem padres se esganiçam por ele: que ele é precedido e seguido de uma longa fila de tochas ardentes; sua alma não marcha ao lado do mestre de cerimônias. Apodrecer sob o mármore, apodrecer sob a terra, é sempre apodrecer. Ter ao redor do caixão os meninos vermelhos, e os meninos azuis[56], ou não ter ninguém, que dife-

55. Samuel Bernard, (1651-1739), financista protestante que acumulou uma fortuna considerável, tendo emprestado dinheiro a Luís XIV para a guerra da sucessão na Espanha; foi conselheiro de Estado de Luís XV, e a marechala de Broglie, com quem Diderot travou o célebre diálogo em 1771, era sua neta.

56. Referência aos coros formados pelos pupilos de dois orfanatos parisienses que cantavam em mansões luxuosas mediante um pagamento para a manutenção das instituições que os abrigava e cujas vestes para as apresentações eram vermelhas e azuis respectivamente.

rença faz? E depois reparai bem neste punho; era rijo como um diabo. Esses dez dedos eram como varas cravadas em um metacarpo de madeira; e esses tendões eram velhas cordas de tripas mais secas, mais rijas, mais inflexíveis do que aquelas que serviram à roda de um torneiro. Mas eu as atormentei tanto, quebrei tanto, rebentei tanto. Tu não queres ir; e eu, raios!, eu digo que irás; e assim será".

E enquanto dizia isso, com a mão direita ele pegara os dedos e o punho da mão esquerda, e os virava para cima e para baixo; a extremidade dos dedos tocava o braço; as juntas estalavam; eu receava que os seus ossos ficassem deslocados.

Eu – Cuidado, eu lhe disse; ireis vos estropiar.

Ele – Não temais. São feitos para isso; passados dez anos, eu lhes dei realmente uma outra forma. Malgrado àquela que tinham, foi preciso de fato que os tratantes se acostumassem a isso, e que aprendessem a colocar-se sobre as teclas e a voltear sobre as cordas. Por isso, agora a coisa vai. Sim, a coisa vai.

Ao mesmo tempo, ele se põe na posição de um tocador de violino; cantarola um *allegro* de Locatelli[57]; o braço direito imita o movimento do arco; a mão esquerda e os dedos parecem passear ao longo do cabo; se tira uma nota falsa, ele se detém; sobe ou desce a corda; ele a pinça com a unha, para assegurar-se de que ela está certa; retoma o trecho lá onde o deixou; bate o compasso com o pé; agita a cabeça, os pés, as mãos, os braços, o corpo. Como já vistes algumas vezes no concerto espiritual[58],

57. Pietro de Bergame Locatelli, (1693-1764), compositor de numerosos concertos, sonatas e caprichos extremamente elaborados do ponto de vista da técnica musical cuja apresentação exigia grande virtuosismo de parte dos executantes, era também célebre por sua arte de violinista. No seu virtuosismo foi como que um precursor de Paganini. Fez grande parte de sua carreira na Holanda e fundou o Concerto Espiritual de Amsterdã.

58. A Academia Real de Música oferecia, durante a quinzena da Páscoa, concertos de música religiosa, em vez de espetáculos. O sucesso dessas audições levou Anne-Danican Philidor, meio-irmão do enxadrista Philidor, a abrir e dirigir, em 1725, no salão dos Cem Suíços do castelo das Tulherias, o Concerto Espiritual, que subsistiu até 1790 e, na época do Sobrinho, passou a oferecer igualmente, além de peças religiosas, música francesa e italiana.

Ferrari ou Chiabran[59], ou qualquer outro virtuose, nas mesmas convulsões, oferecendo-me a imagem do mesmo suplício, e causando-me quase o mesmo sofrimento; pois não é uma coisa penosa ver apenas o tormento naquele que se ocupa em pintar o prazer; puxai entre este homem e mim uma cortina que mo esconda, se é preciso que ele me mostre um estudioso aplicado à questão. No meio de suas agitações e de seus gritos, caso se apresentasse uma tenuta, um desses trechos harmoniosos em que o arco se move lentamente sobre diversas cordas ao mesmo tempo, seu rosto tomava um ar de êxtase, sua voz se adoçava, ele se escutava com arrebatamento. Estava certo de que os acordes ressoavam aos seus ouvidos e aos meus. Depois, recolocando o seu instrumento sob o braço esquerdo com a mesma mão que o mantinha, e deixando cair a mão direita com o arco: "Pois então, disse-me, o que achais disso?

Eu – Muito bom.

Ele – A coisa vai, parece-me; soa quase como os outros".

E imediatamente, agacha-se como um músico que se coloca ao cravo. "Peço-vos piedade, por vós e por mim, disse-lhe eu.

Ele – Não, não; já que vos tenho, haveis de me ouvir. Não quero de modo algum um sufrágio que me concedam sem saber por quê. Vós me elogiareis em tom mais convicto, e isto me valerá algum aluno.

Eu – Sou tão pouco relacionado; e vós ireis vos fatigar em pura perda.

Ele – Eu nunca me fatigo".

Como vi que eu gostaria inutilmente de ter piedade de meu homem, pois a sonata ao violino o havia coberto de suor, resolvi deixá-lo agir. Ei-lo, pois, sentado ao cravo; as pernas dobradas, a cabeça erguida para o teto onde se pode dizer que via uma partitura anotada, cantando, preludiando, executando uma

59. Domenico Ferrari, (1722-1780), violinista, aluno de Tartini, e seu irmão, Lodovico, violoncelista, fizeram-se notar por suas interpretações no Concerto Espiritual, um em 1754 e outro em 1758. Um êxito similar foi alcançado em 1751 por Carlo Francesco Chiabrano, dito Chiabran ou Ciabran, (1723-?), violinista e compositor piemontês.

peça de Alberti[60], ou de Galuppi[61], não sei de qual dos dois. Sua voz ia como vento, e seus dedos volteavam sobre as teclas, ora deixando a aguda para pegar a grave, ora abandonando a parte de acompanhamento, para voltar à aguda. As paixões se lhe sucediam no rosto. Distinguia-se nele a ternura, a cólera, o prazer, a dor. Sentiam-se os *piano*, os *forte*. E estou seguro de que alguém mais hábil do que eu teria reconhecido o trecho, pelo movimento, pelo caráter, pelas expressões e por algumas frases de canto que lhe escapavam por intervalos. Mas o que havia de bizarro é que, de tempos em tempos, ele tateava, recomeçava, como se tivesse errado e se desesperava por não ter mais a peça nos dedos.

"Enfim, vós vedes, disse, endireitando-se e enxugando as gotas de suor que lhe desciam pelas faces, que também sabemos colocar um trítono[62], uma quinta supérflua[63], e que o encadeamento das dominantes nos é familiar. Essas passagens enarmônicas[64], de que o meu tio faz tanto alarde, não são um bicho de sete cabeças, nós sabemos dar conta delas".

60. Os estudiosos divergem sobre a identidade deste músico que, segundo Goethe, seria Domenico Alberti, (1710-1740), cravista, cantor e autor de sonatas, mas Jean Fabre e Laurent Versini, em suas edições de *O Sobrinho de Rameau*, referem o músico Giuseppe-Matteo Alberti, (1685-1751), compositor de várias coletâneas de sonatas para cravo e violoncelo.

61. Baldassare Galuppi, (1706-1785), conhecido por Buranello, pois era natural de Burano. Autor de oratórios, música sacra, e mais de cem sonatas para cravo, trabalhou em Viena, Londres e passou uma temporada na Rússia, a convite de Catarina II, entre 1765 e 1768. Foi um dos criadores da ópera-bufa sobre os libretos de Goldoni.

62. Um trítono é, segundo Rousseau, um intervalo dissonante de três tons inteiros, dois maiores e um menor, sendo também denominado de quarta aumentada.

63. Quinta supérflua ou aumentada é o nome de um intervalo formado por oito semitons.

64. Passagem enarmônica é aquela na qual o mesmo som é expresso por duas notas consecutivas e de nomes diferentes (dó sustenido e ré bemol), sem diferença de altura, distinguindo-se apenas por um coma. Nos instrumentos de sons fixos, piano, cravo e órgão, essas notas não se distinguem, o que não é o caso do violino. O gênero enarmônico opõe-se ao diatônico.

EU – Vós vos destes, de fato, o trabalho de me mostrar que sois muito hábil; e eu era homem para vos crer sob palavra.

ELE – Muito hábil? Oh!, não; quanto ao meu ofício, eu o conheço mais ou menos, e já é mais do que o necessário. Pois neste país, será que se é obrigado a saber aquilo que se ensina?

EU – Não mais do que saber aquilo que se aprende.

ELE – Isso é justo, com os demônios!, é muito justo! Agora, senhor filósofo, a mão na consciência, falai claro. Houve um tempo em que não éreis tão rico como hoje.

EU – Ainda não sou muito.

ELE – Mas não iríeis mais ao Luxembourg, no verão, vós vos lembrais...

EU – Deixemos isso para lá, sim, eu me lembro.

ELE – Em redingote de pelúcia cinza.

EU – Sim, sim.

ELE – Surrado num dos lados; com o punho rasgado, e as meias de lã, pretas e remendadas atrás com linha branca.

EU – Sim, sim, tudo como vos aprouver.

ELE – O que fazíeis então na alameda dos Soupirs[65]?

EU – Uma figura bastante triste.

ELE – Ao sair de lá, andáveis com passos rápidos e miúdos sobre a calçada.

EU – De acordo.

ELE – Dáveis aulas de matemática[66]?

EU – Sem saber uma palavra: não é aí que desejais chegar?

ELE – Justamente.

EU – Aprendi ensinando aos outros, e fiz alguns bons alunos.

ELE – É possível, mas na música não é como na álgebra ou na geometria. Hoje que sois um grande senhor...

EU – Não tão grande...

ELE – Que já fizestes o vosso pé de meia...

EU – Muito pequeno.

65. A alameda dos Soupirs (Suspiros) localizava-se na orla do jardim de Luxembourg, na direção da atual rue de Fleurs.

66. Para subsistir, antes de iniciar sua carreira de escritor, Diderot deu aulas de matemática, segundo o relato de sua filha, Sra. de Vandeul.

Ele – Dais professores à vossa filha.

Eu – Ainda não. É a mãe que se ocupa de sua educação; porque é preciso haver paz em casa.

Ele – Paz em casa? Com os diabos! A gente só a tem quando é servidor ou amo; e o que se deve ser é amo. Tive uma mulher[67]. Queira Deus ter sua alma; mas quando acontecia alguma vez de ela arrebitar-se, eu me emproava nas esporas; eu despregava o meu trovão; eu dizia, como Deus: 'Que a luz se faça'; e a luz era feita. Por isso, em quatro anos de duração, não houve dez vezes em que um dissesse uma palavra mais alta que o outro. Que idade tem vossa filha?

Eu – Isso não vem ao caso.

Ele – Que idade tem vossa filha?

Eu – Que diabo! Deixemos minha filha e sua idade; e voltemos aos professores que ela terá.

Ele – Por Deus! Não conheço nada que seja tão cabeçudo quanto um filósofo. Suplicando-vos mui humildemente, não se poderia saber do senhor filósofo, que idade aproximadamente poderia ter a senhorita sua filha?

Eu – Suponde oito anos[68].

Ele – Oito anos! Há quatro que ela já deveria ter os dedos sobre as teclas.

Eu – Mas talvez eu não tenha me preocupado muito em fazer entrar no plano de sua educação um estudo que ocupa tanto tempo e que serve para tão pouco.

Ele – E o que lhe ensinareis, pois, se vos apraz?

Eu – A raciocinar corretamente, se eu puder; coisa tão pouco comum entre os homens, e mais rara ainda entre as mulheres.

Ele – E deixá-la desarrazoar, tanto quanto queira. Contanto que ela seja bonita, divertida e coquete.

67. Ursule-Nicole-Félix Fruchet, (1733-1761), filha de um alfaiate, casou-se aos 24 anos, em 1757, com o sobrinho de Rameau, que tinha então 41 anos de idade.

68. Esta passagem deve ter sido escrita por Diderot em 1761, pois sua filha, Marie-Angélique Diderot, futura Sra. de Vandeul, nasceu em 1753. Ela faleceu em 1824.

EU – Visto que a natureza foi bastante ingrata com ela, dando-lhe uma compleição delicada, com uma alma sensível, e expondo-a às mesmas penas da vida como se tivesse uma compleição forte, e um coração de bronze, eu lhe ensinarei, se puder, a suportá-las com coragem.

ELE – E deixá-la chorar, sofrer, ter dengos, ter nervos irritados, como as outras; contanto que seja bonita, divertida e coquete. O que!, nada de dança?

EU – Não mais do que o necessário para fazer uma reverência, ter um porte decente, apresentar-se bem e saber andar.

ELE – Nada de canto?

EU – Não mais do que o necessário para uma boa pronúncia.

ELE – Nada de música?

EU – Se houvesse um bom mestre de harmonia, eu a confiaria de bom grado a ele, duas horas por dia, durante um ou dois anos; não mais.

ELE – E no lugar das coisas essenciais que vós suprimis?...

EU –Ponho a gramática, a fábula, a história, a geografia, um pouco de desenho, e muita moral.

ELE – Como me seria fácil vos provar a inutilidade de todos esses conhecimentos aí, num mundo como o nosso; o que digo, a inutilidade, talvez o perigo. Mas, para o momento, ater-me-ei a uma questão: ela não precisaria de um ou dois professores?

EU – Sem dúvida.

ELE – Ah, eis-nos aqui de novo. E esses professores, esperais que saberão a gramática, a fábula, a história, a geografia, a moral das quais eles lhe darão aulas? Cantigas, meu caro mestre, cantigas. Se possuíssem essas coisas o bastante para ensiná-las, não as ensinariam.

EU – E por quê?

ELE – É que eles teriam passado a vida a estudá-las. É preciso ser profundo na arte ou na ciência, para bem possuir os seus elementos. As obras clássicas não podem ser bem feitas senão por aqueles que embranqueceram no ofício[69]. É o meio e

69. Este princípio pedagógico volta à pena de Diderot, numa formulação quase idêntica, e parece ter para ele um caráter axiomático.

o fim que aclaram as trevas do começo. Perguntai a vosso amigo, o Sr. D'Alembert[70], o corifeu da ciência matemática, se ele se julgaria bastante bom para dar os elementos dela. Não foi senão depois de trinta a quarenta anos de exercício que meu tio entreviu os primeiros clarões da teoria musical[71].

Eu – Ó louco, arquilouco!, bradei, como é possível que em tua péssima cabeça se encontrem idéias tão justas, em confusa mistura com tantas extravagâncias?

Ele – Que diabo sabe isso? É o acaso que as joga para a gente, e elas aí ficam. Tanto é assim que, quando não se sabe tudo, não se sabe nada bem. Ignora-se para onde uma coisa vai; de onde outra vem; onde esta ou aquela querem ser colocadas; qual deve passar primeiro, ou será melhor em segundo lugar. Ensina-se bem sem o método? E o método de onde nasce? Vede, meu filósofo, pus na cabeça que a física será sempre uma pobre ciência; uma gota d'água apanhada com a ponta de uma agulha no vasto oceano, um grão destacado da cadeia dos Alpes; e as razões dos fenômenos? Na verdade, valeria tanto ignorar tudo quanto saber tão pouco e tão mal; e era precisamente aí que eu estava, quando me tornei professor de acompanhamento e de composição. Com o que sonhais?

Eu – Sonho que tudo o que acabais de dizer é mais especioso do que sólido[72]. Mas deixemos isso de lado. Vós ensinastes, dizeis, acompanhamento e composição?

70. Jean Le Rond d'Alembert, (1717-1783), matemático que revolucionou a mecânica e a dinâmica, era filho natural da Sra. de Tencin. Com Diderot, dirigiu inicialmente a edição da *Encyclopédie*, tendo escrito o famoso "Discurso Preliminar", além dos verbetes de matemática.

71. O *Traité de l'harmonie* constituiu de certo modo um primeiro esboço do sistema musical desenvolvido por Rameau e foi publicado em 1722, quando seu autor contava cerca de quarenta anos.

72. A respeito desta fala do filósofo, Jean Fabre, na sua edição crítica de *O Sobrinho de Rameau*, observa: "Especioso, porque Diderot, à medida que envelhece, sente diminuir o gosto que dedicava outrora à matemática e às ciências do universo, ao passo que se interessa cada vez mais pelas ciências dos costumes [...]; pouco sólido, porque, para o materialista conseqüente que ele nunca cessou de ser, a física acarreta a moral e porque a ciência tira da consciência mesma de seus limites uma das provas de sua eficácia" (n. 108, p. 165).

Ele – Sim.

Eu – E não sabíeis nada a respeito?

Ele – Não, palavra; e é por isso que havia piores do que eu: aqueles que acreditavam saber alguma coisa. Pelo menos, eu não estragava nem o gosto nem as mãos das crianças. Passando de mim para um bom professor, como não haviam aprendido nada, ao menos nada tinham a desaprender; e era sempre algum dinheiro e tempo poupados.

Eu – Como fazíeis?

Ele – Como todos fazem. Eu chegava. Eu me jogava numa cadeira: 'Como o tempo está ruim, como é cansativo andar a pé!' Eu tagarelava sobre algumas novidades. 'A senhorita Lemière[73] devia fazer o papel de vestal na nova ópera; mas está grávida pela segunda vez. E não se sabe quem irá substitui-la. A senhorita Arnould[74] acaba de abandonar o seu condezinho[75]. Dizem que ela está em negociação com Bertin[76]. O condezinho, no entanto, encontrou a porcelana do Sr. de Montamy[77]. No último concerto dos amadores havia uma italiana que cantou como

73. Marie-Jeanne Lemière, (1733-1786), cantora e atriz do Opéra, tornou-se também conhecida por colecionar amantes, o primeiro dos quais foi o príncipe de Conti; em 1762, casou-se com Larrivée, famoso cantor operístico na época.

74. Madeleine-Sophie Arnould, (1741-1803), cantora famosa e mulher de espírito; de 1757 até 1761 foi amante do acadêmico, filósofo e cientista Louis-Léon-Félicité de Brancas, conde de Lauraguais, (1733-1824), com quem teve três filhos; posteriormente, viveu com Bertin de Blagny e, por fim, com o príncipe d'Hénin.

75. A alusão é ao rompimento da senhorita Arnould com o conde de Lauraguais; fato que teve grande repercussão.

76. Louis-Auguste Bertin de Blagny (1742-1788), contratador de impostos reais, tesoureiro dos fundos particulares do rei, membro da Académie des Inscriptions e, como tal, cognominado Bertinus, escreveu libretos de óperas-cômicas e, em sua casa de Passy, possuía um teatro.

77. Didier-François d'Arclais de Montamy, (1704-1765), primeiro mordomo do duque de Orléans, químico, amigo do barão de Holbach e de Diderot, colaborou na *Encyclopédie*, e deixou um tratado das cores para a pintura em esmalte e sobre a porcelana que Diderot publicou postumamente, em 1765.

um anjo[78]. Tem um físico raro esse Préville[79]. É preciso vê-lo no *Mercure galant*[80]; o trecho do enigma é impagável. Aquela pobre Dumesnil[81] não sabe mais o que diz nem o que faz. Vamos senhorita, pegai vosso livro'. Enquanto a senhorita, que não se apressa, procura o livro que ela perdeu, enquanto chamam uma criada de quarto, ralha com ela, eu continuo: 'a Clairon é verdadeiramente incompreensível. Fala-se de um casamento muito ridículo. É o da senhorita..., como a chamais mesmo? Uma criaturinha que ele sustentava, em quem fez dois ou três filhos, que havia sido mantida por tantos outros. – Vamos, Rameau; isso não é possível, dizeis um desatino. – Não digo desatino algum. Fala-se mesmo que a coisa está feita. Corre o rumor de que Voltaire morreu[82]. Tanto melhor. – E por que tanto melhor? – É que ele vai nos pregar uma boa peça. É seu costume morrer uma quinzena antes'. O que vos direi ainda? Eu vos contava algumas inconveniências que trouxe das casas em que havia estado; pois nós somos todos grandes mexeriqueiros[83]. Eu me fazia de louco. As pessoas me ouviam. Riam. Gritavam:

78. A audição ocorria no palácio de Soubise e, desde 1775, à custa de uma subscrição. A cantora mencionada é a *signora* Farinella que viera de Londres em 1775, estreando no mesmo ano no Concerto dos Amadores e, logo em seguida, no Concerto Espiritual.

79. Pierre-Louis Dubus, chamado Préville, (1721-1799), ator da Comédie-Française, famoso por sua versatilidade em desempenhos de "composição" e de transformação de papéis, tendo chegado a interpretar cinco personagens em uma mesma peça.

80. Edme Boursault, (1638-1701), poeta, romancista e dramaturgo, é o autor do *Mercure galant*, uma comédia-revista também chamada de *La comédie sans titre*. Estreada em 1683, foi reapresentada em1753, quando Préville se distinguiu por sua interpretação de diversos papéis satíricos.

81. Marie-Françoise Marchand, dita a Dumesnil, (1711-1803), atriz trágica, que imprimia a seus desempenhos grande arrebatamento nos papéis de mãe e rainha, estreou em 1737 na Comédie e teve a senhorita Clairon (ver n. 19) como rival artística.

82. O rumor correu por três vezes, em fins de 1753, no outono de 1760 e na primavera de 1762.

83. Em francês, *colporteur* = mascate e também passador de notícias, mas é provável que o seu emprego na fala do Sobrinho seja uma alusão ao *Colporteur*, de Chevrier.

'ele é sempre encantador'. Entrementes o livro da senhorita havia sido enfim encontrado debaixo de uma poltrona, para onde tinha sido arrastado, mastigado, despedaçado, por um doguezinho[84] ou por um gatinho. Ela punha-se ao cravo. Primeiro fazia ruído sozinha. Em seguida, eu me aproximava, depois de ter feito à mãe um sinal de aprovação. A mãe: 'Isso não vai mal; era só ela querer, mas não quer. Prefere perder seu tempo a tagarelar, a falar de futilidades, a correr e a não sei mais o quê. Mal acabais de partir e o livro já está fechado, para ser reaberto somente ao vosso retorno. Também vós nunca a repreendeis...' Entretanto, como era preciso fazer alguma coisa, eu tomava-lhe as mãos para colocá-las de outro modo. Eu me agastava. Eu gritava: 'Sol, sol, sol, senhorita, é um sol. – A mãe: Senhorita, será que não tendes nem um pouco de ouvido? Eu, que não estou ao cravo, e que não olho em vosso livro, sinto que é preciso um sol. Vós dais um trabalho infinito ao senhor. Eu não compreendo a paciência dele. Não retendes nada do que ele vos diz. Não avançais nem um pouco...' Então eu diminuía um pouco os golpes, e meneando a cabeça, dizia: 'Perdoai-me senhora, perdoai-me. Isso poderia ir melhor, se a senhorita quisesse; se ela estudasse um pouco; mas isso não vai mal. – A mãe: Em vosso lugar, eu a manteria um ano na mesma peça. – Oh!, quanto a isso, ela não sairá daí enquanto não tiver superado todas as dificuldades; e isso não demorará tanto como a senhora crê. – A mãe: Senhor Rameau, vós a lisonjeais; sois muito benevolente. De sua lição, eis a única coisa que ela reterá e que saberá de fato me repetir na ocasião adequada'. A hora passava. Minha aluna me apresentava o pequeno pagamento, com a graça do gesto e a reverência que aprendera do professor de dança. Eu o metia no bolso, enquanto a mãe dizia: 'Muito bem, senhorita. Se Javillier[85] estivesse aqui, ele vos aplaudiria'. Por decoro, eu ainda tagarelava por um momento; depois, eu

84. Mestiço de cão inglês, de raça *dog*, com o dinamarquês.

85. Jacques Javillier-Létang, último de uma família de quatro dançarinos que brilhou no Opéra de Paris, durante o século XVIII, deixou de apresentar-se no tablado em 1747 e tornou-se professor de dança do rei.

desaparecia, e eis o que se chamava então uma aula de acompanhamento.

EU – E hoje em dia, é outra coisa.

ELE – Santo Deus! Creio que sim. Eu chego. Venho sério. Apresso-me a tirar o meu regalo[86]. Abro o cravo. Experimento as teclas. Estou sempre com pressa: se me fazem esperar um pouco, grito como se me roubassem um escudo. "Daqui a uma hora, devo estar lá; dentro de duas horas, na casa da senhora duquesa de tal. Espera-me para jantar uma bela marquesa; e, saindo de lá, tenho um concerto em casa do Sr. Barão de Bacq[87], na rua Neuve des Petits Champs".

EU – E, no entanto, não sois esperado em parte alguma?

ELE – É verdade.

EU – E por que empregar todas essas pequenas astúcias, tão vis?

ELE – Vis! E por que, se vos apraz? Elas são de uso na minha categoria social. Eu não me avilto absolutamente agindo como todo mundo. Não fui eu quem as inventou: seria bizarro e desastrado não me amoldar a elas. Na verdade, sei muito bem que se ides aplicar a isso certos princípios gerais de não sei que moral, que todos têm na boca, e que ninguém pratica, acontecerá que o que é branco será preto e o que é preto será branco. Porém, senhor filósofo, há uma consciência geral, como há uma gramática geral e, além disso, exceções em cada língua que chamais, creio, vós outros, sábios, de... ajudai-me, por favor... de...

EU – Idiotismos.

ELE – Exatamente. Pois bem, cada um dos três estados sociais tem suas exceções com respeito à consciência geral, às quais eu daria de bom grado o nome de idiotismos de ofício.

86. Este agasalho para as mãos, em geral de pele, era usado indistintamente por homens e mulheres, até a época da Revolução Francesa.

87. Charles-Ernest, barão de Bagge, (?-c.1791), grafado por Diderot ora como Back ora como Bacq, gentil-homem holandês, violinista, compositor amador, colecionador e mecenas, aficionado da música, dava concertos em seu palácio e promovia apresentações de seus protegidos.

Eu – Compreendo. Fontenelle[88] fala bem, escreve bem, embora seu estilo formigue de idiotismos franceses.

Ele – E o soberano, o ministro, o financista, o magistrado, o militar, o homem de letras, o advogado, o procurador, o comerciante, o banqueiro, o artesão, o professor de canto, o professor de dança são pessoas muito honestas, conquanto sua conduta se afaste em muitos pontos da consciência geral, e esteja repleta de idiotismos morais. Quanto mais antiga a instituição das coisas, mais idiotismos terá; quanto mais infelizes os tempos, mais os idiotismos se multiplicarão. Tanto vale o homem, tanto vale o ofício; e reciprocamente, ao fim, tanto vale o ofício, tanto vale o homem. Faz-se, pois, valer o ofício tanto quanto se pode.

Eu – Tudo o que eu compreendo claramente em toda essa baralhada é que há poucos misteres honestamente exercidos, ou poucas pessoas honestas em seus misteres.

Ele – Bem, não há mesmo nenhuma, mas em compensação há poucos velhacos fora de suas lojas; e tudo iria bastante bem, sem certo número de pessoas que chamamos de assíduas, corretas, que cumprem rigorosamente seus deveres, estritas, ou, o que dá no mesmo, que estão sempre em suas lojas, e praticam seu ofício de manhã até a noite, e só fazem isso. Por isso são os únicos que se tornam opulentos e que são estimados.

Eu – À força de idiotismos.

Ele – É isso. Vejo que me compreendestes. Ora, pois, um idiotismo de quase todos os três estados, uma vez que os há comuns a todos os países, a todos os tempos, assim como há tolices comuns, um idiotismo comum é a tentativa de se conseguir o máximo possível de práticas; uma tolice comum é crer que o mais hábil é aquele que as têm em maior número. Eis aí duas exceções à consciência geral às quais é preciso curvar-se. É uma espécie de crédito. Não é nada em si mesmo; mas vale

88. Bernard Le Bovier de Fontenelle, (1657-1757), sobrinho de Corneille, físico cartesiano, autor de tragédias líricas e libretos de ópera, membro da Academia Francesa, secretário perpétuo da Academia de Ciências, foi um dos espíritos mais representativos das Luzes na França de seu tempo.

pela opinião. Dizem que mais vale ser *bem renomado do que ter o cinto dourado*. Entretanto, quem tem bom renome não tem cinto dourado; e eu vejo hoje em dia que quem o possui não carece quase de renome. Cumpre, tanto quanto possível, ter o renome e o cinto. E é o meu objetivo, quando me faço valorizar pelo que vós qualificais de espertezas vis, de pequenas astúcias indignas. Dou minha aula, e a dou bem; eis a regra geral. Faço crer que tenho mais aulas a dar do que as horas do dia, eis o idiotismo.

Eu – E a lição, vós a dais bem?

Ele – Sim, não muito mal, passavelmente. O baixo fundamental[89] do tio querido de fato simplificou tudo isso. Antigamente eu roubava o dinheiro de meu aluno; sim, eu o roubava; isto é certo. Hoje, eu o ganho, ao menos como os outros.

Eu – E vós o roubáveis, sem remorso?

Ele – Ah!, sem remorso! Dizem que *se um ladrão rouba o outro, ri-se o diabo*. Os pais regurgitavam uma fortuna adquirida, Deus sabe como; eram pessoas da corte, financistas, grandes comerciantes, banqueiros, homens de negócios. Eu os ajudava a restitui-la, eu e uma multidão de outros que eles empregavam como a mim. Na natureza, todas as espécies devoram-se, todas as condições se devoram na sociedade. Nós fazemos justiça uns aos outros, sem que a lei se imiscua. A Deschamps[90], outrora, a Guimard[91] hoje, vingam o príncipe contra o financista;

89. Trata-se do sistema harmônico que toma como baixo racional a nota fundamental de cada acorde e constitui a descoberta técnica mais importante de Rameau.

90. Anne-Marie Pagès, (1730-c. 1775), chamada a Deschamps por ter se casado com o ator da Opéra Cômica, J. B. Deschamps, figurante nos balés do Opéra, mais conhecida por seu desempenho como cortesã, tendo arruinado Valet de Salignac, cunhado de Sophie Volland.

91. Marie-Madeleine Morelli, chamada a Guimard, (1743-1816), foi primeira bailarina da Comédie-Française e depois do Opéra. Artista de grande talento, mas de vida pessoal dissoluta, ganhou do marechal de Soubise um palácio, com um teatro de 500 lugares, cercado de vastos jardins, decorado por Fragonard e David, onde recebia três vezes por semana, em festas espetaculares, convidados da alta sociedade, artistas e escritores, entre os quais Diderot, e mulheres de renome. Quando seu protetor viu-se arruinado, inclusive pelas

e é a modista, o joalheiro, o tapeceiro, a costureira de roupa branca, o escroque, a camareira, o cozinheiro, o correeiro, que vingam o financista contra a Deschamps. No meio de tudo isso, só o imbecil ou o ocioso é lesado, sem ter prejudicado ninguém; e é bem feito. De onde vedes que tais exceções à consciência geral, ou tais idiotismos morais em torno dos quais se faz tanto barulho, sob a denominação de *golpes*[92], não são nada, e que, no fim de tudo, basta apenas ter certeiro o golpe de vista.

EU – Admiro o vosso.

ELE – E depois, a miséria. A voz da consciência e da honra é bem fraca, quando as tripas gritam. Basta saber que, se eu ficar rico um dia, será realmente preciso que eu restitua o devido, e estou de fato resolvido a devolver de todas as maneiras possíveis, pela mesa, pelo jogo, pelo vinho, pelas mulheres.

EU – Mas temo que jamais ficareis rico.

ELE – Eu bem que o suspeito.

EU – E se acontecesse o contrário, o que faríeis?

ELE – Eu faria como todos os mendigos que ficaram ricos; seria o mais insolente patife que já se viu. Seria então que eu me lembraria de tudo quanto me fizeram padecer; e lhes devolveria de fato todas as humilhações que eles me infligiram. Gosto de mandar e eu mandaria. Gosto que me elogiem e me elogiariam. Teria a meu soldo todo o bando vilmoriano[93] e eu lhes diria, como me disseram: 'Vamos, velhacos, divirtam-me', e eles me divertirão; 'Caluniem as pessoas de bem', e elas serão caluniadas, se é que ainda podem ser encontradas; e depois teremos as raparigas, nós nos tutearemos quando estivermos bêbados, nós nos embriagaremos; contaremos histórias; teremos todos os tipos de caprichos e vícios. Será delicioso. Provaremos que Voltaire não tem gênio; que Buffon, sempre guindado sobre

extravagâncias de sua amada, esta foi obrigada a vender o palácio em 1785, e muitos anos depois morreu na miséria.

92. No original, *tours du bâton* para significar lucros desonestos.

93. Segundo J. Fabre, tem-se aqui, em *vilmorien*, um jogo de palavras com *vil* e *vaurien* (velhaco), a partir do nome próprio de pronúncia quase similar, o de Philippe-Charles Le Gendre de Villemorien ou Vilmorien, banqueiro, coletor de impostos, como seu sogro, Bouret.

andas, não passa de um declamador empolado; que Montesquieu é apenas um pedante; relegaremos d'Alembert à sua matemática; espancaremos no dorso e ventre todos esses pequenos Catões, como vós, que nos desprezam por inveja; cuja modéstia é o manto do orgulho, e cuja sobriedade é a lei da necessidade. E a música? É então que a faremos.

Eu – Pelo digno uso que fareis da riqueza, vejo que grande pena é serdes mendigo. Vós a viveríeis de uma maneira muito honrosa para a espécie humana, muito útil a vossos concidadãos; e muito gloriosa para vós.

Ele –Mas eu creio que vós zombais de mim; senhor filósofo, vós não sabeis com quem brincais; vós não desconfiais que neste momento eu represento a parte mais importante da cidade e da corte. Nossos nababos em todos os nossos estados sociais ou se disseram a si próprios, ou não se disseram as mesmas coisas que eu vos confiei; mas o fato é que a vida que eu levaria no lugar deles é exatamente a deles. Eis onde estais, vós outros. Vós acreditais que a mesma felicidade é feita para todos. Que estranha visão! A vossa supõe certa feição de espírito romanesca que nós não temos; uma alma singular, um gosto particular. Vós ornamentais essa esquisitice com o nome de virtude, vós a chamais de filosofia. Mas a virtude, a filosofia são feitas para todo mundo? Tem-nas quem pode; conserva-as quem pode. Imaginai o universo sábio e filósofo; convinde que seria terrivelmente triste. Escutai, viva a filosofia; viva a sabedoria de Salomão: beber bom vinho; fartar-se de iguarias delicadas; rolar sobre belas mulheres; repousar em leitos muito macios. Excetuando isso, o resto não passa de vaidade.

Eu – O que! E defender a pátria?

Ele – Vaidade. Não há mais pátria. Não vejo de um pólo a outro senão tiranos e escravos.

Eu – E servir os amigos?

Ele – Vaidade. Será que se tem amigos? Se a gente os tivesse, dever-se-ia torná-los ingratos? Olhai bem e vereis que é quase sempre isso que se recolhe dos serviços prestados. O reconhecimento é um fardo; e todo fardo é feito para ser sacudido.

Eu – Ter uma posição na sociedade e cumprir os seus deveres?

ELE – Vaidade. Que importa que se tenha ou não uma posição social, desde que se seja rico; pois não se conquista uma posição exceto para vir a sê-lo. Cumprir os seus deveres, a que nos leva isso? Ao ciúme, à perturbação, à perseguição. É assim que se progride? Fazer-lhes a corte, com os diabos! Fazer-lhes a corte; ver os grandes; estudar seus gostos; prestar-se às suas fantasias; servir a seus vícios; aprovar suas injustiças. Eis o segredo.

EU – Cuidar da educação de seus filhos?

ELE – Vaidade. É o encargo de um preceptor.

EU – Mas se este preceptor, imbuído de vossos princípios, negligencia seus deveres; quem é que será castigado por isso?

ELE – Por certo não serei eu; mas talvez um dia o marido de minha filha, ou a mulher de meu filho.

EU – Mas se ambos se precipitarem na orgia e nos vícios?

ELE – Isso é de sua posição social.

EU – E se eles se desonrarem?

ELE – Por mais que se faça, a gente nunca pode desonrar-se quando se é rico.

EU –E se eles se arruinarem?

ELE –Tanto pior para eles.

EU – Vejo que, se vós vos dispensais de velar pela conduta de vossa mulher, de vossos filhos e de vossos domésticos, poderíeis facilmente negligenciar vossos negócios.

ELE – Perdoai-me; às vezes é difícil arrumar dinheiro, e é prudente ocupar-se disso bem antes.

EU – Dareis pouca preocupação à vossa mulher?

ELE – Nenhuma, se vos apraz. O melhor procedimento, creio, que se pode adotar com a querida cara metade, é fazer o que lhe convém. Em vossa opinião, a sociedade não seria muito divertida se cada um cuidasse aí de suas coisas?

EU – Por que não? A noite nunca é mais bela para mim do que quando estou contente com minha manhã.

ELE – E para mim também.

EU – O que torna as pessoas da sociedade tão delicadas em relação a seus divertimentos é a sua profunda ociosidade.

ELE – Não acrediteis nisso. Elas se agitam muito.

EU – Como nunca se cansam, nunca descansam.

ELE – Não acrediteis nisso. Estão sempre extenuadas.

EU – Para elas, o prazer é sempre uma ocupação e jamais uma necessidade.

ELE – Tanto melhor, a necessidade é sempre um sofrimento.

EU – Gastam tudo. Sua alma se embrutece. O tédio se apodera delas. Aquele que lhes tirasse a vida, em meio de sua abundância opressiva, prestar-lhes-ia um serviço. É que elas não conhecem da felicidade senão a parte que se embota mais depressa. Eu não desprezo os prazeres dos sentidos. Tenho um paladar também, e ele se deleita com um prato delicado, ou com um vinho delicioso. Tenho um coração e olhos; e gosto de ver uma mulher bonita. Gosto de sentir sob meus dedos a firmeza roliça de seu colo; de apertar seus lábios com os meus; de sorver a volúpia de seus olhares e de expirar entre seus braços. Às vezes, com meus amigos, um encontro de devassidão, mesmo um pouco tumultuoso, não me desagrada. Mas não vos ocultarei que me é infinitamente mais doce ainda ter socorrido um infeliz, ter terminado um negócio espinhoso, dado um conselho salutar, feito uma leitura agradável; um passeio com um homem ou uma mulher caros ao meu coração; passado algumas horas instrutivas com meus filhos, escrito uma boa página, cumprido os deveres de minha condição; dito àquela a quem amo algumas coisas ternas e doces que trazem os seus braços ao redor de meu pescoço. Conheço uma tal ação que eu gostaria de ter feito em troca de tudo o que possuo. *Mahomet* é uma obra sublime; eu preferiria ter reabilitado a memória dos Calas[94]. Um homem[95] do meu conhecimento refugiara-se em Cartagena. Era

94. Jean Calas, (1698-1762), comerciante de fé protestante, condenado à morte e supliciado na roda, sob a acusação de haver estrangulado o seu filho, Marc-Antoine, (1731-1761), que estaria prestes a apostatar. Voltaire empenhou-se em obter a revisão do processo e Calas foi reabilitado três anos depois de sua execução, uma vez que a sua suposta vítima na realidade suicidara-se. Anne-Rose Cibibel era a esposa de Jean.

95. Trata-se do médico escocês, estabelecido em Paris e integrante do círculo de Holbach, John Hope, (1725-?), que Diderot, numa carta a Sophie Volland, chama de "*père* Hoop", por alusão ao seu ateísmo e magreza.

o caçula de uma família em uma região onde o costume transfere todos os bens aos primogênitos. Lá, ele fica sabendo que seu irmão mais velho, filho mimado, após haver despojado o pai e a mãe, demasiado fracos, de tudo o que possuíam, expulsara-os de seu castelo, e que os bons velhinhos definhavam como indigentes, em um vilarejo da província. O que faz então este caçula que, tratado tão duramente por seus pais, fora tentar fazer fortuna tão longe? Envia-lhes ajuda; apressa-se a pôr em ordem seus negócios. Volta muito rico. Reconduz o pai e a mãe a seu domicílio. Casa as irmãs. Ah, meu caro Rameau, este homem considerava esse lapso de tempo como o mais feliz de sua vida. Falava-me disso com lágrimas nos olhos; e eu, ao vos fazer este relato, sinto meu coração perturbar-se de alegria, e o prazer cortar-me a palavra.

ELE – Vós sois seres bem singulares!

EU – E vós sois seres dignos de lástima, se não imaginais que as pessoas se elevam acima de seu destino, e que é impossível ser infeliz, ao abrigo de duas belas ações, como estas.

ELE – Eis aí uma espécie de felicidade com a qual eu teria dificuldade de me familiarizar, pois ela é raramente encontrada. Mas, ao vosso ver, cumpriria, portanto, sermos pessoas honestas?

EU – Para ser feliz? Com certeza.

ELE – Entretanto, vejo uma infinidade de pessoas honestas que não são felizes; e uma infinidade de pessoas que são felizes sem serem honestas.

EU – É o que vos parece.

ELE – E não foi por ter tido bom senso e franqueza por um momento que eu não sei onde ir jantar essa noite?

EU – Ah, não! Foi por não os ter tido sempre. Foi por não haver sentido bem cedo que era preciso primeiro conseguir uma fonte de recursos independente da servidão.

ELE – Independente ou não, a que eu consegui é pelo menos mais fácil.

EU – E a menos segura e a menos honesta.

ELE – Porém a mais conforme ao meu caráter de vadio, tolo e velhaco.

EU – De acordo.

Ele – E uma vez que posso conseguir minha felicidade por meio de vícios que me são naturais, que adquiri sem trabalho, que conservo sem esforço, que se enquadram nos costumes de minha nação; que são do gosto daqueles que me protegem, e mais análogos a suas pequenas necessidades particulares do que as virtudes que os incomodariam, acusando-os desde a manhã até a noite; seria bem singular que eu fosse me atormentar como uma alma danada para me deformar e me tornar diferente do que sou; para me dar um caráter estranho ao meu próprio; qualidades muito estimáveis, consinto nisso, só para não discutir; mas que me custariam muito a adquirir, a praticar, que não me levariam a nada, talvez a pior do que nada, pela sátira contínua dos ricos junto aos quais os mendigos como eu têm de procurar um meio de vida. Louvamos a virtude; mas odiamô-la; mas dela fugimos; mas ela gela de frio, e neste mundo, precisamos ter os pés quentes. E além do mais isto me daria mau humor, infalivelmente; pois, por que vemos tão amiúde os devotos serem tão duros, tão irritados, tão insociáveis? É porque se impuseram uma tarefa que não lhes é natural. Sofrem, e quando se sofre, se faz sofrer aos outros. Isto não é de minha conta, nem da de meus protetores; é preciso que eu seja alegre, maleável, agradável, bufão, engraçado. A virtude faz-se respeitar; e o respeito é incômodo. A virtude faz-se admirar, e a admiração não é divertida. Eu lido com pessoas que se entediam e cumpre que eu as faça rir. Ora, é o ridículo e a loucura que fazem rir; é preciso, portanto, que eu seja ridículo e louco; e, mesmo se a natureza não me tivesse feito assim, o mais fácil seria aparentá-lo. Felizmente, não tenho necessidade de ser hipócrita; já os há tantos, de todos os matizes, sem contar aqueles que o são consigo próprios. Este cavaleiro de La Morlière[96] que levanta a aba do cha-

96. Jacques Rochette, cavaleiro de La Morlière, (1719-1785), por breve tempo mosqueteiro do rei, aventureiro das letras, protegido de Voltaire e desprezado por Diderot, autor de comédias de pouco valor e romances licenciosos, a serviço sempre de quem lhe pagasse, era conhecido na vida parisiense como tratante e filante notório, escroque, freqüentador de cabarés, chefe de claque e terror dos teatros.

péu sobre a orelha, que anda com a cabeça erguida, que vos olha quando passa por cima do ombro, que faz bater uma longa espada sobre a coxa, que tem o insulto pronto para quem não porta nenhuma, e que parece dirigir um desafio a quem quer que venha, o que faz ele? Tudo o que pode para se persuadir de que é um homem de coragem; mas ele é covarde. Dai-lhe um piparote na ponta do nariz, e ele o receberá com doçura. Quereis fazê-lo baixar o tom, elevai-o. Mostrai-lhe vossa bengala, ou aplicai-lhe um pontapé entre as nádegas; muito espantado, por se ver covarde, perguntar-vos-á: quem foi que vos contou isso, de onde vós o sabeis? Ele próprio o ignorava no momento anterior; impusera-se um longo e habitual arremedo de bravura. Dera-se tantas vezes esses ares que passou a acreditar na coisa. Fizera tantas vezes os trejeitos que acreditou ser a coisa. E aquela mulher que se mortifica, que visita as prisões, que assiste a todas as assembléias de caridade, que caminha com olhos baixos, que não ousaria fitar um homem de frente, incessantemente em guarda contra a sedução dos sentidos; tudo isso impede que seu coração queime, que lhe escapem suspiros, que seu temperamento se acenda, que os desejos a obsedem, e que sua imaginação lhe volte a traçar-lhe noite e dia as cenas do *Portier des Chartreux* (Porteiro dos Cartuxos), das *Postures de l'Arétin*[97] (Posições do Aretino)? Então o que lhe acontece? O que pensa a criada quando se levanta de camisola e voa em socorro da patroa que desfalece? Justine, voltai para cama. Não sois vós que a patroa chama em seu delírio. E o amigo Rameau, se ele se pusesse um dia a manifestar desprezo pela fortuna, pelas mulheres, pela boa mesa, pela ociosidade, a catonizar, o que seria ele? Um hipócrita. É preciso que Rameau seja o que é: um bandido feliz entre bandidos opulentos; e não um fanfarrão de virtudes ou mesmo um homem virtuoso, roendo sua côdea de pão, sozinho, ou ao lado de mendigos. E para encurtar o assunto, eu

97. Pietro Bacci, dito o Aretino, (1492-1556), oriundo de Arezzo, poeta, autor de tragédias e peças religiosas, mas também de escritos satíricos e obscenos, entre os quais as *Posições*, ilustradas por Annibal Carrache, tiveram grande voga no século XVIII.

não me acomodo de modo nenhum à vossa felicidade, nem à ventura de alguns visionários, como vós.

Eu – Vejo, meu caro, que ignorais o que ela seja, e que não fostes feito para apreendê-la.

Ele – Tanto melhor, com mil raios!, tanto melhor! Isto me faria rebentar de fome, de tédio, e talvez de remorso.

Eu – Diante disso, o único conselho que eu tenho para vos dar é o de que retorneis bem depressa à casa de onde vós vos fizestes imprudentemente expulsar.

Ele – E fazer aquilo que não desaprovais no natural, e que vos repugna um pouco no figurado?

Eu – É minha opinião.

Ele – Independentemente desta metáfora que me desagrada neste momento, e que não me desagradaria num outro.

Eu – Que excentricidade!

Ele – Não há nada de excêntrico nisto. Quero realmente ser abjeto, mas quero que isto seja sem constrangimento. Quero realmente descer de minha dignidade... Rides?

Eu – Sim, vossa dignidade me faz rir.

Ele – Cada um tem a sua; quero de fato esquecer a minha, mas à minha discrição, e não à ordem de outrem. Será preciso que me possam dizer: 'Rasteja', e que eu seja obrigado a rastejar? É ao jeito do verme; é o meu jeito: nós o seguimos, um e outro, quando nos deixam seguir; mas nós nos empertigamos quando nos pisam no rabo. Pisaram-me no rabo, e eu já me empertigo. E depois vós não fazeis idéia da bagunça de que se trata. Imaginai uma personagem melancólica e maçante, devorada por vapores, envolvida em duas ou três voltas do robe de chambre, que apraz a si mesmo e a quem tudo desapraz, que a custo se consegue fazer sorrir, mesmo deslocando o corpo e o espírito de cem maneiras diversas; que considera friamente as caretas engraçadas de meu rosto, e as de meu juízo que são mais engraçadas ainda; pois, cá entre nós, esse Papai Noel[98],

98. Dom Noel, padre beneditino de Reims, fabricante de instrumentos de óptica, que obteve as graças do rei, ao lhe fazer a apresentação de um microscópio, e se tornou guarda demonstrador do gabinete real de física, mas que se recusou a colaborar na *Encyclopédie*.

esse vilão beneditino, tão afamado por suas caretas, malgrado seus sucessos na corte, não é, sem eu me gabar nem a ele tampouco, em comparação comigo, senão um polichinelo de pau. Em vão me atormentei para alcançar o sublime das Petites-Maison[99], isto de nada adiantou. Ele rirá? Não rirá? Eis o que sou forçado a me dizer em meio às minhas contorções; e vós podeis julgar o quanto essa incerteza prejudica o talento. Meu hipocondríaco, com a cabeça enterrada em uma touca de dormir que lhe cobre os olhos, tem o ar de um pagode[100] imóvel no qual teriam amarrado um cordão no queixo, de onde desceria até embaixo de sua poltrona. Espera-se que o cordão seja puxado; mas ele não é; ou se acontece que a mandíbula se entreabra, é para articular uma palavra desoladora, uma palavra que vos indica que sequer fostes percebido, e que todas as vossas macaquices se perderam; esta palavra é a resposta a uma pergunta que vós lhe teríeis feito há quatro dias; pronunciada essa palavra, a mola mastoidiana se distende e a mandíbula se fecha..."

Depois, ele começa a imitar o homem; sentara-se numa cadeira, com a cabeça fixa, o chapéu quase sobre as pálpebras, os olhos semicerrados, os braços pendentes, remexendo a mandíbula, como um autômato, e dizendo: "'Sim, tendes razão, senhorita. É preciso pôr aí um pouco de finura'. É que isso decide; que isso decide sempre, e sem apelação, de noite, de manhã, na toalete, no jantar, no café; no jogo, no teatro, na ceia, na cama e, Deus me perdoe, entre os braços da amante, creio eu. Não estou à altura de ouvir estas últimas decisões; mas estou terrivelmente cansado das outras. Triste, obscuro, e cortante, como o destino, assim é o nosso patrão.

"Defronte, está uma delambida, que se dá ares de importância; de quem se poderia dizer que é bonita, porque ela ainda

99. Hospital de alienados, assim chamado por ocupar as pequenas casas isoladas de um antigo leprosário na abadia de Saint-Germain des Prés, em Paris.

100. Do nome dado pelos portugueses aos templos hindus e por extensão aos pequenos ídolos orientais de porcelana, derivou a denominação dos bibelôs em voga na França do século XVIII.

o é, embora tenha, aqui e ali, alguns cravos e espinhas sobre o rosto, e embora comece a competir em volume com a senhora Bouvillon[101]. Gosto das carnes, quando são belas; mas tanto assim é demais; e o movimento é tão essencial à matéria! *Item*, ela é mais maldosa, mais orgulhosa e mais besta do que uma gansa. *Item*, ela quer ser espirituosa. *Item*, é preciso persuadi-la de que se acredita nela como em ninguém mais. *Item*, esta aí não sabe nada, e também decide. *Item*, é preciso aplaudir-lhe as decisões, com os pés e com as mãos, saltar de alegria, ficar transido de admiração: 'como isto é belo, delicado, bem dito, visto com finura, singularmente sentido. Onde as mulheres o conseguem? Sem estudo, pela simples força do instinto, pela simples luz natural: isso tem algo de um prodígio. E venham depois nos dizer que a experiência, o estudo, a reflexão, a educação adiantam aí alguma coisa', e outras bobagens parecidas; e chorar de alegria. Dez vezes por dia, curvar-se, um joelho dobrado para frente, a outra perna esticada para trás. Os braços estendidos para a deusa, procurar seu desejo nos seus olhos, ficar suspenso aos seus lábios, esperar sua ordem e partir como um raio. Quem é que pode sujeitar-se a semelhante papel, se não o miserável que aí encontra, duas ou três vezes por semana, com o que acalmar a tribulação de seus intestinos? O que pensar dos outros, como Palissot, Fréron, os Poinsinets, os Baculard[102], que têm alguma coisa, e cujas baixezas não se podem desculpar pelo burburinho de um estômago que sofre?

EU – Eu jamais teria suposto que vós fôsseis tão difícil.

ELE – Eu não o sou. No começo, eu via como os outros faziam, e fazia como eles, um pouco melhor mesmo; porque

101. No romance cômico de Scarron, a senhora Bouvillon é uma personagem que carrega "trinta quintais de carne, sem as outras matérias pesadas ou sólidas que entram na composição corpo humano".

102. Para Palissot, Fréron e Poinsinet, ver n. 37. François-Thomas de Baculard d'Arnaud, (1718-1805), amigo de Diderot na juventude, preso na Bastilha por ser discípulo de Voltaire, poeta, autor de dramas lacrimosos e romances sentimentais, protegido de Frederico da Prússia e vivendo de favores e expedientes, tornou-se com o tempo colaborador de Fréron, opondo-se aos Filósofos.

sou mais francamente impudente, melhor comediante, mais esfaimado e provido de melhores pulmões. Descendo aparentemente em linha reta do famoso Estentor"[103].

E para me dar uma idéia justa da força dessa víscera, pôs-se a tossir com uma violência de abalar as vidraças do café, e de sustar a atenção dos jogadores de xadrez.

Eu – Mas para que serve esse talento?

Ele – Vós não o adivinhais?

Eu – Não. Sou um tanto limitado.

Ele – Suponde a disputa encetada e a vitória incerta: Levanto-me e, fazendo soar minha voz troante, digo: "É como a senhorita o afirma. Isto é o que se chama julgar. Desafio a todos os nossos espíritos brilhantes a igualá-la. A expressão é de gênio". Mas não se deve sempre aprovar da mesma maneira. Seria monótono. Teria um ar falso. Tornar-se-ia insípido. Não se escapa disso senão pelo raciocínio, pela fecundidade; cumpre saber preparar e colocar esses tons maiores e peremptórios, aproveitar a ocasião e o momento; quando, por exemplo, há uma divisão de sentimentos; quando a disputa elevou-se a seu último grau de violência; quando ninguém mais se entende; quando todos falam ao mesmo tempo; é preciso estar colocado à distância, no ângulo do aposento que esteja mais afastado do campo de batalha, ter preparado a sua explosão com um longo silêncio, e cair subitamente como uma bomba *comminge*[104] no meio dos contendores. Ninguém possuiu essa arte como eu. Mas onde sou surpreendente, é no oposto; tenho tons menores que acompanho com um sorriso; uma variedade infinita de expressões aprovadoras; aí, o nariz, a boca, os olhos, a testa entram em jogo; tenho uma flexibilidade de rins, uma maneira de dobrar a espinha dorsal, de levantar ou baixar os ombros, de estender os dedos, de inclinar a cabeça, de fechar os olhos e de ficar estu-

103. Herói grego que, segundo Homero, participou da guerra de Tróia e que possuía uma voz tão potente quanto a de cinqüenta homens juntos.

104. Bomba de grosso calibre, utilizada pela primeira vez no tempo de Luís XIV e cuja denominação provém do nome e da corpulência de seu inventor, o conde de Comminges, ajudante de campo do rei.

pefato, como se tivesse ouvido descer do céu uma voz angélica e divina. É isto o que lisonjeia. Não sei se percebeis bem toda a energia dessa última atitude. Não fui eu que a inventei; mas ninguém me supera em sua execução. Vede. Vede.

EU – É verdade que isso é uma coisa única.

ELE – Acreditais que haja miolo de mulher um pouco fútil que resista a isto?

EU – Não. É preciso convir que haveis levado o mais longe possível o talento de criar loucos e de se aviltar.

ELE – Façam o que fizerem, todos, por mais que sejam, jamais chegarão aí. O melhor dentre eles, Palissot, por exemplo, nunca será senão um bom aprendiz. Mas se esse papel diverte no início, e se fruímos algum prazer de caçoar interiormente da estupidez daqueles a quem inebriamos; com o tempo a coisa já não espicaça mais; e, além disso, após certo número de descobertas, somos forçados a nos repetir. O espírito e a arte têm seus limites; não há senão Deus ou alguns gênios raros para quem a carreira se estende, à medida que avançam nela. Bouret[105] talvez seja um destes. Tem traços disso que me dão, a mim, sim a mim, a mais sublime idéia a seu respeito. O cachorrinho, o *Livro da Felicidade*, os archotes na estrada de Versalhes[106] são coisas que me confundem e me humilham. Seriam capazes de me desgostar do ofício.

EU – O que quereis dizer com o vosso cachorrinho?

105. Étienne-Michel Bouret, (1710-1777), filho de um lacaio, galgou à posição de tesoureiro geral da casa do rei e, depois, de diretor da fazenda real, tendo reunido pela especulação uma fortuna prodigiosa para o seu tempo; pai de três filhas que desposaram também contratadores de impostos, entre eles Legendre de Villemorien, foi figura influente na corte de Luís XV, a quem recebia faustosamente em sua casa de campo. Marcou época por suas festas e por sua prodigalidade para com as cortesãs, mas morreu arruinado, após desastres especulativos.

106. A menção é histórica e liga-se igualmente a Bouret que, em uma ocasião, para a visita do rei, iluminou a estrada de Versalhes até a sua mansão, numa extensão de cerca de 40 km, com porta-archotes e, em outra, ofereceu ao monarca um *Livro da Felicidade* em que cada página continha uma única frase: "O rei veio à casa de Bouret".

Ele – De onde vindes afinal? O que! Seriamente, ignorais como esse homem raro se arranjou para desapegar de si um cachorrinho e apegá-lo ao guarda-selos[107] que dele se agradara?

Eu – Eu o ignoro, confesso-o.

Ele – Tanto melhor. É uma das coisas mais belas que já se imaginaram; toda a Europa ficou maravilhada, e não há cortesão cuja inveja ela não tivesse provocado. Vós a quem não falta sagacidade, vejamos como teríeis vos arrumado em seu lugar. Imaginai que Bouret era amado por seu cão. Imaginai que a roupagem bizarra do ministro assustava o animalzinho. Imaginai que dispunha apenas de oito dias para vencer as dificuldades. É preciso conhecer todas as condições do problema para bem apreciar o mérito da solução. E daí?

Eu – Daí, devo confessar-vos que, nesse gênero, as coisas mais fáceis me embaraçariam.

Ele – Escutai, disse-me ele, dando-me uma palmadinha no ombro, pois é muito confiado; escutai e admirai. Ele manda fazer uma máscara que se parece com o guarda-selos; toma emprestado de um camareiro a samarra[108] volumosa. Cobre o rosto com a máscara. Enverga a samarra. Chama o cachorro; acaricia-o. Dá-lhe uma rosquinha[109]. Depois, de repente, mudando de vestimenta, não é mais o guarda-selos; é Bouret que chama seu cão e o chicoteia. Em menos de dois ou três dias desse exercício contínuo, desde a manhã até a noite, o cachorro sabe fugir de Bouret, o contratador de impostos, e correr para Bouret, o guarda-selos. Mas eu sou bom demais. Vós sois um profano

107. Também aqui se trata de uma referência a um incidente que teve por atores o tesoureiro real e o seu protetor, o guarda-selos de Luís XV, Jean-Baptiste Machault D'Armouville, (1701-1794), que, havendo perdido uma galga de estimação, se vê surpreendido, numa visita que lhe faz o Sr. Bouret, por uma cachorrinha da mesma raça a saltar-lhe ao colo e festejá-lo, pois o seu visitante, ao saber da perda sofrida pelo ministro, apressara-se em encontrar uma cadela similar e treiná-la com um manequim vestido com os paramentos de um guarda-selos.

108. Espécie de sotaina de pele que certos magistrados e especialmente o guarda-selos envergavam.

109. Em francês, *gimblette*, pequena rosca dura e seca.

que não mereceis ser instruído acerca dos milagres que se operam ao vosso lado.

Eu – Apesar disso, peço-vos o livro e os archotes.

Ele – Não, não. Dirigi-vos às pedras do calçamento que vos dirão essas coisas aí, e aproveitai da circunstância que nos aproximou, para aprender coisas que ninguém sabe senão eu.

Eu – Tendes razão.

Ele – Tomar emprestado a toga e a peruca, havia me esquecido da peruca, do guarda-selos! Mandar fazer uma máscara que se lhe pareça! A máscara, sobretudo me vira a cabeça. Por isso esse homem goza da mais alta consideração. Por isso possui milhões. Existem cruzes de São Luís[110] que não têm pão para comer; por isso, por que correr atrás da cruz, com o risco de quebrar a espinha, e não procurar uma situação sem perigo que nunca falha na recompensa? Eis o que se chama sair à grande. Tais modelos são desencorajadores. Fica-se com piedade de si mesmo; e a gente se entedia. A máscara! A máscara! Eu daria um de meus dedos para ter descoberto a máscara.

Eu – Mas com esse entusiasmo pelas belas coisas, e essa fertilidade de gênio que possuís, será que não haveis inventado nada?

Ele – Perdoai-me; por exemplo, a atitude admirativa do dorso de que vos falei; eu a considero como sendo a minha, embora ela possa ser-me contestada por invejosos. Creio realmente que já a tenham empregado antes; mas quem foi que sentiu que ela era cômoda para rir por trás do impertinente que era admirado? Tenho mais de cem modos de encetar a sedução de uma jovem, ao lado de sua mãe, sem que esta se aperceba disso, e mesmo de torná-la minha cúmplice. Mal havia entrado na carreira e já desprezava as maneiras vulgares de passar um doce bilhetinho. Tenho dez meios de fazer com que seja arrancado de mim, e entre esses meios ouso me gabar de que alguns são novos.

110. Ordem criada em 1693 para agraciar, independentemente de origem nobre ou plebéia, oficiais de terra e mar que se notabilizassem por seu valor, contassem ao menos dez anos de serviço e fossem de fé católica. A distinção dava-lhes direito a uma pensão de 200 a 800 libras.

Possuo, sobretudo, o talento de encorajar um jovem tímido; fiz sair-se bem quem não tinha nem espírito nem figura. Se isto fosse escrito, creio que me concederiam algum gênio.

Eu – Isso vos dispensaria uma honra singular?

Ele – Não duvido disso.

Eu – Em vosso lugar, eu lançaria essas coisas no papel. Seria uma pena que se perdessem.

Ele – É verdade; mas vós não suspeitais quão pouco caso eu faço do método e dos preceitos. Aquele que necessita de um protocolo nunca irá longe. Os gênios lêem pouco, praticam muito, e fazem-se por si mesmos. Vede, César, Turenne, Vauban, a marquesa de Tencin, seu irmão o cardeal, e o secretário deste, o abade Trublet[111]. E Bouret? Quem é que deu lições a Bouret? Ninguém. É a natureza que forma esses homens excepcionais. Credes que a história do cão e da máscara esteja escrita em alguma parte?

Eu – Mas em vossas horas perdidas, quando a angústia de vosso estômago vazio ou a fadiga de vosso estômago sobrecarregado afastam o sono...

111. Diderot contrapõe aqui, por galhofa, três gênios militares: o general romano Júlio César (101-44 a.C.); o marechal e comandante do exército francês na Guerra dos Trinta Anos, Henri de La Tour d'Auvergene, visconde de Turenne (1611-1675); e o engenheiro militar e marechal de França, Sébastien Le Perestre, senhor de Vauban (1633-1707); a uma tríade, a seu modo, não menos "genial", em que figuram: Claudine-Alexendrine de Guérin, marquesa de Tencin, (1682-1749), cônega contra a sua vontade, que conseguiu a anulação dos votos em 1715 e viveu em Paris entre intrigas políticas e casos amorosos, um dos quais, com o cavaleiro Destouches-Canon, resultou no nascimento, em 1717, de Jean de La Ronde d'Alembert, devidamente exposto de pronto na roda dos enjeitados, como ficou registrado no seu batismo, e também devidamente reivindicado como filho ao alcançar a fama de grande matemático; o irmão da senhora de Tencin, Pierre de Guérin de Tencin, (1680-1758), bispo, cardeal, arcebispo de Lyon, ministro de Estado, alma gêmea de sua irmã, de cujas manipulações participou e se valeu na sua carreira, tendo após a morte desta caído em desgraça e se retirado para uma vida piedosa em sua diocese; o secretário do arcebispo, Nicolas-Charles-Joseph Trublet, (1697-1770), abade, gramático e estilista, membro da Académie Française, publicista e defensor do partido devoto, soube utilizar os préstimos de seus protetores e era detestado por Voltaire e Diderot.

ELE – Vou pensar nisso; mais vale escrever grandes coisas do que executar pequenas. Então a alma se eleva; a imaginação se aquece, se inflama e se expande; ao passo que ela se retrai para espantar-se diante da pequena Hus, dos aplausos que esse público tolo se obstina em prodigalizar a essa dengosa Dangeville[112], que representa tão rasteiramente, que anda no palco curvada em dois, que tem a afetação de olhar de modo incessante nos olhos da pessoa com quem fala, e de representar por detrás, que toma suas próprias caretas por finura, e seu trotezinho por gracioso; a essa enfática Clairon que é mais magra, mais espalhafatosa, mais estudada, mais engomada do que se poderia dizer. Essa platéia imbecil as aplaude até rebentar, e não percebe que somos um pelotão de aprovação – é verdade que o pelotão engordou um pouco, mas que importa? – não percebe que temos a mais bela pele, os mais lindos olhos, o mais bonito bico; poucas entranhas na verdade; um andar que não é muito ligeiro, mas que não é tampouco tão desajeitado como dizem. Quanto ao sentimento, em compensação, não há nenhum que nos dê xeque-mate.

EU – Como podeis dizer tudo isso? É ironia ou verdade?

ELE – O mal é que esse diabo de sentimento é todo por dentro, e que não transpira dele um só clarão para fora. Mas eu que vos falo, sei e sei bem que ela o tem. Se não é isso exatamente, é alguma coisa parecida. É preciso ver, quando nos dá na cabeça, como nos portamos com os criados, como as criadas de quarto são esbofeteadas, como tratamos aos pontapés as partes casuais[113], por pouco que elas se afastem do respeito que nos é devido. É um diabrete, eu vos digo, todo cheio de sentimento

112. Marie-Anne Botot, chamada a Dagenville, (1714-1796), atriz da Comédie-Française, onde estreou aos dezesseis anos. Durante trinta anos desempenhou, com muita finura, papéis de criada de quarto e deixou o palco em 1763. Diderot apreciava muito as suas interpretações.

113. Nome dado aos direitos que cabiam ao rei, para os cargos de judicatura e de finança, quando mudavam de titular. Eram rendas eventuais que Bertin administrava na época em que foi escrito *O Sobrinho de Rameau*. Diderot, jogando com as palavras *parties casuelles* e *parties naturelles* (partes genitais), insinua aqui um trocadilho malicioso.

e de dignidade... Esta agora, vós nem sabeis onde estais agora, não é?

EU – Confesso que não saberia deslindar se é de boa ou má fé que falais. Sou um homem simples; tende, pois, a bondade de usar comigo mais franqueza, e deixar vossa arte de lado.

ELE – Isso é o que debitamos à pobre Hus, a respeito da Dangeville e da Clairon, de permeio aqui e ali com algumas palavras que vos alertassem. Consinto que me tomeis por um patife, mas não por um tolo; pois somente um tolo ou um homem perdido de amor poderia dizer a sério tantas impertinências.

EU – Mas como se resolve alguém a dizê-las?

ELE – Isto não se faz de repente; mas pouco a pouco, chega-se aí. *Ingenii largitor venter*[114].

EU – É preciso estar pressionado por uma fome cruel.

ELE – É possível. Entretanto, por mais fortes que elas vos pareçam, crede que aqueles a quem são dirigidas estão mais acostumados a ouvi-las do que a arriscá-las.

EU – Será que há alguém que tenha a coragem de ser de vosso parecer?

ELE – O que chamais de alguém? É o sentimento e a linguagem de toda a sociedade.

EU – Aqueles dentre vós que não são grandes velhacos, devem ser grandes tolos.

ELE – Tolos? Eu vos juro que há apenas um; é aquele que nos festeja para que o iludamos.

EU – Mas como deixar-se iludir tão grosseiramente? Pois afinal a superioridade dos talentos da Dangeville e da Clairon é coisa decidida.

ELE – A gente engole a grandes goles a mentira que nos lisonjeia; e bebemos gota a gota uma verdade que nos é amarga. Além disso, temos um ar tão compenetrado, tão verdadeiro!

EU – Cumpre, entretanto, que tenhais pecado uma vez contra os princípios da arte e que vos haja escapado por descuido

114. "O ventre é o provedor do gênio...", parte do verso 9-11, da sátira V, dos *Coliambos* de Aulus Persius Flaccus, conhecido como Pérsio, (34-62 d. C.), poeta satírico latino.

algumas dessas verdades amargas que ferem; pois, a despeito do papel miserável, abjeto, vil, abominável que fazeis, creio que, no fundo, tendes a alma delicada.

ELE – Eu, de modo algum. Que o diabo me carregue se eu sei no fundo o que sou. Em geral, tenho o espírito redondo como uma bola, e o caráter franco como o vime[115]; nunca falso, por pouco interesse que eu tenha em ser verdadeiro; nunca verdadeiro por pouco interesse que eu tenha em ser falso. Digo as coisas como elas me vêm; se sensatas, tanto melhor; se impertinentes, ninguém lhes presta atenção. Faço pleno uso de minha franqueza. Em toda a minha vida jamais pensei antes de falar, nem falando, nem depois de ter falado. Por isso não ofendo a ninguém.

EU – No entanto, isso vos aconteceu com aquela boa gente em cuja casa vivíeis, e que vos dispensaram tantas bondades.

ELE – O que quereis? Foi uma desgraça; um mau momento, como há muitos na vida. Não existe felicidade contínua; eu estava bem demais, aquilo não podia durar. Temos, como sabeis, a companhia mais numerosa e a melhor escolhida. É uma escola de humanidade, uma renovação da hospitalidade antiga. Todos os poetas que despencam por aqui, nós os recolhemos. Tivemos Palissot depois de sua *Zara*[116]; Bret, depois de *Le Faux Généreux*[117]; todos os músicos desacreditados; todos os autores que ninguém lê; todas as atrizes vaiadas, todos os atores apupa-

115. Uma expressão que está associada ao fato de o vime não ter nós, indicando sinceridade e ausência de dissimulação.

116. A personagem deturpa propositadamente o título da primeira peça de Palissot, *Zarès*, tragédia em versos, em cinco atos, que fracassou inteiramente e foi encenada apenas três vezes.

117. Antoine Bret, (1717-1792), jornalista, autor de romances galantes que o levaram à Bastilha, e de três comédias que não venceram a prova do palco. *O Falso Generoso*, peça em que o dramaturgo tenta renovar o gênero cômico da época, sob o impacto das Luzes, não teve melhor sorte e não foi além de cinco apresentações. De toda maneira, cabe registrar que Diderot apreciava-o e submeteu-lhe os projetos de *O Pai de Família*, embora Bret escrevesse contra os Filósofos e os financistas na *Gazette de France*, fazendo coro com Bouret e Vilemorien, o que não impediu estes de atacá-lo ferozmente e obter a interdição de *A Confiança Traída*, em 1763.

dos; um monte de pobres orgulhosos, parasitas bajuladores à cuja testa tenho a honra de estar, bravo chefe de um tímido bando. Sou eu que os exorto a comer a primeira vez que eles vêm; sou eu que peço bebida para eles. Ocupam um lugar tão reduzido! Alguns jovens esfarrapados que não sabem onde cair mortos, mas que têm boa estampa, outros celerados que adulam o patrão e que o adormecem, a fim de respigarem depois dele em cima da patroa. Parecemos alegres; mas no fundo temos todos mau humor e grande apetite. Lobos não são mais famintos, nem tigres mais cruéis. Somos vorazes como lobos, quando a terra passou muito tempo recoberta pela neve; despedaçamos como tigres tudo o que triunfa. Algumas vezes, os arruaceiros Bertin, Monsauge e Vilmorien[118] se reúnem; é então que se arma um bruta barulho no viveiro. Nunca se viu tantos bichos juntos, tristes, rabugentos, malfazejos e encolerizados. Não se ouve outra coisa senão os nomes de Buffon, Duclos, Montesquieu, Rousseau, Voltaire, d'Alembert, Diderot, e Deus sabe de que epítetos acompanhados. Nenhum terá espírito, se não for tão tolo quanto nós. É aí que foi concebido o plano da comédia sobre os *Philosophes*[119]; a cena do mexeriqueiro fui eu quem a forneceu, conforme a *Théologie en quenouille*. Não fostes mais poupado do que qualquer outro.

Eu – Tanto melhor. Talvez honrem mais do que mereço. Eu ficaria humilhado se aqueles que falam mal de tanta gente honesta e capaz se dispusessem a falar bem de mim.

Ele –Somos muitos, e é preciso que cada um pague a sua quota. Após o sacrifício dos grandes animais, imolamos os outros.

118. Bertin, ver n. 76. Denis-Philippe Thiroux De Monsauge, contratador dos correios, genro de Bouret, financiou a peça de Palissot, *Les Philosophes*. Vilmorien, ver n. 93.

119. Esta comédia, em versos e com três atos, traz na sexta cena do terceiro ato uma personagem, Propice, na verdade um mexeriqueiro que critica as obras de Diderot, particularmente *Les bijoux indiscretes*, "Lettre sur les sourds" e *Le père de famille*, à maneira de outro intrigante da peça antijansenita do padre Bongeaut, *La Femme Docteur ou La Théologie janséniste tombée en quenouille* (Teologia Fiada na Roca), publicada em 1731.

Eu – Insultar a ciência e a virtude para viver, eis um pão muito caro.

Ele – Já vos disse, nós somos inconseqüentes. Injuriamos todo mundo e não afligimos ninguém. Temos às vezes conosco o enfadonho abade d'Olivet, o gordo abade Le Blanc[120], o hipócrita Batteux[121]. O gordo abade só está zangado antes de jantar. Depois de tomar o seu café, atira-se numa poltrona, com os pés apoiados no batente da lareira, e adormece como um velho papagaio no poleiro. Se o barulho se torna violento, ele boceja; estende os braços, esfrega os olhos e diz: "Pois bem, o que há? O que há? Trata-se de saber se Piron[122] tem mais espírito do que Voltaire. – Entendamo-nos. É do espírito que falais? Não se trata do gosto; pois quanto ao gosto, vosso Piron não tem nenhuma dúvida. – Nenhuma dúvida? – Não". Além disso, eis que embarcamos numa dissertação sobre o gosto. É quando o patrão faz um sinal com a mão para que o escutem; pois é, sobretudo do gosto que ele se gaba. "O gosto, diz ele... o gosto é uma coisa..." por Deus, eu não sei que coisa ele dizia que era; nem ele, tampouco.

"Temos algumas vezes o amigo Robbé[123]. Ele nos regala com seus contos cínicos, com milagres dos convulsionários de que foi testemunha ocular, e com alguns cantos de seu poema sobre um assunto que ele conhece a fundo. Odeio seus versos; mas gosto de ouvi-lo recitar. Tem o ar de um energúmeno[124].

120. Sobre o abade d'Olivet, ver n. 31. Jean-Bertrand Le Blanc, (1707-1781), abade, autor das *Lettres sur les anglais* e de várias peças trágicas, historiógrafo, protegido da Senhora de Pompadour, ficou conhecido pelas sucessivas candidaturas malogradas à Academia e por seus escritos mordazes contra os Filósofos.

121. Charles Batteux (1713-1780), abade, esteticista, tradutor, professor de retórica e de filosofia grega e latina, acadêmico, amigo do abade d'Olivet e inimigo de Voltaire. Diderot o criticou na "Carta sobre os Surdos-Mudos" e no artigo da *Encyclopédie* sobre o "Belo".

122. Alexis Piron, (1684-1773), conterrâneo de Rameau, escritor satírico de uma verve cortante, poeta famoso por suas epigramas, sua obra-prima é uma comédia de caracteres intitulada *La Métromanie*, 1738.

123. Ver n. 41.

124. No sentido estrito, segundo a raiz grega, "possuído pelo demônio".

Todos gritam ao seu redor: "eis o que se chama um poeta". Cá entre nós, essa poesia não passa de um charivari; de toda espécie de ruídos confusos; o vozerio bárbaro dos habitantes da Torre de Babel.

"Procura-nos também certo palerma[125] que tem o ar inexpressivo e estúpido, mas que tem espírito como um demônio e que é mais malicioso do que um macaco velho; é uma dessas figuras que provocam o gracejo e as chacotas, e que Deus criou para corrigir pessoas que julgam pela cara, e a quem o espelho deveria ensinar que é tão fácil ser um homem de espírito e ter o ar de um tolo quanto esconder um tolo sob uma fisionomia espiritual. É uma covardia muito comum a de imolar um bom homem para a diversão dos outros. A gente nunca deixa de se dirigir a ele. É uma armadilha que se estende aos recém-vindos, e nunca vi um único que não caísse nela.

Fiquei por vezes surpreso com a justeza das observações desse louco, sobre os homens e sobre os caracteres; e eu o fiz saber.

"É que, respondeu-me ele, a gente tira partido da má companhia, como da libertinagem. Somos indenizados da perda da nossa inocência com a de nossos preconceitos. Na sociedade dos perversos, em que o vício se apresenta com a máscara levantada, aprende-se a conhecê-los. Além disso, eu li um pouco a esse respeito.

EU – O que lestes?

ELE – Li, leio e releio incessantemente Teofrasto, La Bruyère e Molière.

EU – São livros excelentes.

ELE –São bem melhores do que se pensa; mas quem é que sabe lê-los?

EU – Todo mundo, conforme a medida de seu espírito.

125. Considera-se que a qualificação se refira a Poinsinet, mas há quem duvide, como é o caso do crítico Jean Fabre, que não vê motivo para Diderot mantê-lo aqui no anonimato quando já o nomeara antes, e sugere como alternativa a figura de Claude-Henri de Fusée de Voisenon, (1708-1775), abade e escritor.

ELE – Quase ninguém. Poderíeis me dizer o que se procura neles?

EU – Diversão e instrução.

ELE – Mas que instrução? Pois este é o ponto.

EU – O conhecimento de seus deveres; o amor à virtude; e o ódio ao vício.

ELE – Eu, de minha parte, aprendo aí tudo o que se deve fazer, e tudo o que não se deve dizer. Assim, quando leio *L'Avare* digo a mim mesmo: Sê avarento, se quiseres; mas evita falar como avarento. Quando leio o *Tartuffe*, digo a mim mesmo: Sê hipócrita, se quiseres; mas não fales como hipócrita. Guarda os vícios que te são úteis; mas não tenhas deles nem o tom nem a aparência que te tornariam ridículo. Para garantir-se contra esse tom e essas aparências, cumpre conhecê-los. Ora, esses autores fizeram a respeito deles pinturas excelentes. Eu sou eu e continuo a ser o que sou, mas ajo e falo como convém. Não sou desses que desprezam os moralistas. Há muito a aproveitar com eles, sobretudo com aqueles que puseram a moral em ação. O vício fere os homens só de quando em quando. Os caracteres aparentes do vício os ferem de manhã à noite. Talvez valesse mais a pena ser um insolente do que ter a sua fisionomia; o insolente de caráter insulta apenas de tempos em tempos; o insolente de fisionomia insulta sempre. De resto, não imagineis que eu seja o único leitor de minha espécie. Não tenho outro mérito aqui, senão de ter feito por sistema, por justeza de espírito, por uma visão racional e verdadeira, aquilo que a maioria dos outros faz por instinto. Daí vem que suas leituras não os tornam melhores do que eu; mas que permanecem ridículos, a despeito deles próprios; ao passo que eu só o sou quando quero, e que então os deixo longe atrás de mim; pois a mesma arte que me ensina a me salvar do ridículo em certas ocasiões, me ensina também, em outras, a contraí-lo com superioridade. Lembro-me então de tudo o que os outros disseram, de tudo o que li, e lhe acrescento tudo o que sai de meu cabedal que é, nesse gênero, de uma fecundidade surpreendente.

EU – Fizestes bem em me revelar esses mistérios; sem isso eu vos teria achado contraditório.

ELE – Não o sou em absoluto; pois por uma vez em que se deve evitar o ridículo, felizmente há cem outras em que é preciso se entregar a ele. Não há papel melhor junto aos grandes do que o de bobo. Durante muito tempo houve o bobo do rei como titular, em tempo nenhum houve como titular o sábio do rei. Quanto a mim, eu sou o bobo de Bertin e de muitos outros, o vosso talvez, neste momento; ou talvez vós sejais o meu. Aquele que fosse sábio não teria um bobo de modo algum. Aquele, pois, que tem um bobo não é sábio; se não é sábio, ele é bobo; e talvez, se for rei, o bobo de seu bobo. Aliás, lembrai-vos que em um assunto tão variável como os costumes, não há nada de absolutamente, de essencialmente, de geralmente verdadeiro ou falso, se não que é preciso ser o que o interesse quer que a gente seja, bom ou mau, sábio ou bobo, decente ou ridículo, honesto ou vicioso. Se por acaso a virtude houvesse conduzido à fortuna; ou eu teria sido virtuoso ou teria simulado a virtude como qualquer outro. Quiseram-me ridículo, e eu assim me fiz; por vicioso, a natureza sozinha havia pago os custos disso. Quando digo vicioso, é para falar a vossa língua; pois se viéssemos a nos explicar, poderia ocorrer que chamásseis vício o que eu chamo virtude, e virtude o que chamo vício.

"Temos também os autores da Ópera Cômica, seus atores e suas atrizes; e no mais das vezes seus empresários Corbi, Moette[126]..., todos pessoas de recursos e de mérito superior!

"E eu esquecia os grandes críticos da literatura: o *Avant-coureur*, os *Petites affiches*, o *Année littéraire*, o *Observateur littéraire*, o *Censeur hebdomadaire*[127], toda a clique de jornalistas.

126. Nicolas Corbi (?-1775), diretor do Opéra-Comique e da Comédie Italienne, associado a Pierre Moet ou Moette (?-1802).

127. *L'Avant-coureur*, semanário de ciências, literatura e artes, dirigido por Jonval de Villmert, publicado de 1758 a 1774. *Petites affiches*, que designava familiarmente os *Annonces, affiches* e *Avis divers*, era uma publicação bi-semanal dirigida pelo abade Aubert, de 1752 a 1790, e marcada pela violência de sua polêmica contrária às Luzes e seus mentores. *L'Année littéraire*, o periódico de Fréron (ver n. 37), teve durante algum tempo um concorrente feroz, em o *Observateur littéraire*, surgido em virtude da dissensão do abade Joseph de la Porte (ver n. 37), antigo lugar-tenente de Fréron que se tornara seu inimi-

EU – O *Année littéraire*, o *Observateur littéraire*. Isto não é possível. Eles se detestam.

ELE – É verdade. Mas todos os mendigos se reconciliam comendo na gamela. Esse maldito *Observateur littéraire*. Que o diabo o tivesse carregado, a ele e a suas folhas. É esse padreco cachorro, avarento, fedorento e usurário[128], que é a causa de meu desastre. Ele apareceu em nosso horizonte ontem, pela primeira vez. Chegou à hora que saímos todos de nossas tocas, a hora do jantar. Quando faz mau tempo, feliz daquele que possui a moeda de vinte e quatro soldos no bolso[129] para pagar o fiacre. Este zombou de seu confrade que chegara de manhã enlameado até a espinha e molhado até os ossos, e que à noite volta para a sua casa no mesmo estado. Houve um, não sei mais qual, que teve, há alguns meses, uma briga violenta com um saboiano[130] que se instalara à nossa porta. Tinham uma conta corrente; o credor queria que o seu devedor a liquidasse, mas este não tinha fundos. Servem o jantar; fazem as honras da mesa ao abade, colocam-no à cabeceira. Entro, avisto-o. 'Como, abade, digo-lhe, vós presidis? Eis uma coisa que para hoje está muito bem, mas amanhã, se vos apraz, descereis um prato, depois de amanhã outro prato; e assim, de prato em prato, seja à direita, seja à esquerda, até que do lugar que ocupei uma vez antes de vós, que Fréron ocupou uma vez depois de mim, Dorat uma vez depois de Fréron, Palissot uma vez depois de Dorat[131], vós ficareis estacionado ao meu lado, pobre traste como vós, *qui siedo sem-*

go figadal. Mas, no *Censeur hebdomadaire*, dirigido de 1760 a 1761 por Abraham Chaumeix, Diderot e os Filósofos tiveram o seu inimigo mais encarniçado.

128. Essa sucessão de ápodos refere-se aos abades de la Porte.

129. A tarifa para este gênero de transporte era uniforme e relativamente onerosa.

130. Para ganhar a vida, os saboianos que migravam para Paris dedicavam-se a todo tipo de pequenas ocupações, entre as quais, como na menção do texto, a de *décrotteur*, que tira a lama das botas, uma espécie de engraxate.

131. Fréron, ver n. 37. Claude-Joseph Dorat, (1734-1780), dramaturgo, narrador e poeta, amigo de J. - J. Rousseau, versou com fecundidade os vários gêneros, comédias, tragédias, heróides, dois romances e poesias elegantes – uma obra de polígrafo que mereceu elogios de Fréron. Palissot, ver n. 37.

pre come um maestoso cazzo fra duoi coglioni'[132]. O abade, que é um bom sujeito e que leva tudo por bem, se pôs a rir. A senhorita, compenetrada da verdade de minha observação e da justeza de minha comparação, pôs-se a rir: todos os que estavam sentados à direita e à esquerda do abade e que ele havia feito recuar de um grau na posição, desataram a rir; todo mundo ri, menos o senhor patrão, que se zanga e me dirige palavras que não teriam nenhum significado, se estivéssemos a sós: 'Rameau sois um impertinente. – Bem o sei; e foi com esta condição que vós me recebestes. – Um patife. – Como outro qualquer. – Um mendigo. – Será que eu estaria aqui, se não o fosse? – Mandarei expulsar-vos. – Depois do jantar irei por mim mesmo. – Assim vos aconselho'. Jantamos; não perdi uma só garfada. Depois de ter comido bem, bebido fartamente, pois no fim de contas as coisas não poderiam melhorar nem piorar, *messer* Gaster[133] é um personagem contra o qual nunca fiquei agastado, tomo minha decisão e me disponho a ir embora. Eu havia empenhado a minha palavra em presença de tanta gente que era preciso de fato mantê-la. Levei um tempo considerável a zanzar pelo apartamento, procurando minha bengala e meu chapéu onde não estavam, e esperando sempre que o patrão se derramasse numa nova torrente de injúrias; que alguém se interpusesse e que acabássemos por nos reconciliar, à força de tanto nos zangar. Eu girava e girava; pois, quanto a mim, eu não tinha peso algum no coração; mas o patrão, ele, mais sombrio e carregado do que o Apolo de Homero quando arremessa seus dardos sobre o exército grego, o barrete mais enterrado do que de costume, passeava de um lado para o outro, com o punho sob o queixo. A senhorita se aproxima de mim. 'Mas senhorita, o que há, pois, de tão extraordinário? Será que hoje fui diferente de mim mesmo? – Quero que ele saia. – Eu sairei nunca lhe falhei. – Perdoai-me; convidam o senhor abade e... – Ele é que falhou consigo pró-

132. Frase grosseira cuja tradução literal é: "Que estou sempre sentado como um majestoso caralho entre dois colhões".

133. A palavra *gaster* significa em grego "estômago" ou "ventre" e, com este sentido, é convertida em Messer Gaster por Rabelais no *Pantagruel*.

prio convidando o abade, recebendo-me e comigo tantos outros biltres como eu. – Vamos, meu querido Rameau, é preciso pedir perdão ao senhor abade. – Não preciso de seu perdão. – Vamos, vamos; tudo se apaziguará...' Tomam-me pela mão, arrastam-me em direção à poltrona do abade; estendo os braços, contemplo o abade com uma espécie de admiração, pois quem é que jamais pediu perdão ao abade? 'Abade, disse-lhe, abade, tudo isso é bem ridículo, não é verdade? ...' E depois caí na risada, e o abade também. Eis que estou, portanto desculpado por este lado; mas era preciso abordar o outro, e o que eu tinha a lhe dizer era coisa muito diferente. Não sei mais muito bem como arrumei minha desculpa... 'Senhor, eis este bobo. – Há muito tempo que ele me faz sofrer; não quero mais ouvir falar dele. – Ele está aborrecido. – Sim, eu estou muito aborrecido. – Isto não lhe acontecerá mais. – Quanto ao primeiro patife...' Não sei se ele está num desses dias de mau humor ou se a senhorita teme aproximar-se dele e só ousa tocá-lo com suas mitenes de veludo, ou se ele entendeu mal o que eu dizia, ou se eu disse mal; foi pior do que antes. Que diabo, será que ele não me conhece? Será que não sabe que sou como as crianças, e que há circunstâncias em que deixo tudo escapar debaixo de mim? E depois, eu creio, Deus me perdoe, que eu não teria um momento de descanso. Gastariam o cordão de um títere de aço de tanto puxá-lo de manhã à noite e da noite à manhã. É preciso que eu os desentedie; é a condição; mas é preciso que eu me divirta às vezes. No meio desse *imbroglio*, passou-me pela cabeça um pensamento funesto, um pensamento que me encheu de arrogância, um pensamento que me inspirou orgulho e insolência: é que não poderiam passar sem mim, que eu era um homem essencial.

Eu – Sim, creio que vós lhes sois muito útil, mas que eles vos são ainda mais. Não encontrareis de novo, quando quiserdes, uma casa tão boa; mas eles, para cada bobo que lhes falte, encontrarão cem.

Ele – Cem bobos como eu! Senhor filósofo, eles não são tão comuns. Sim, falo de reles bobos. É muito mais difícil a tolice do que o talento ou a virtude. Sou raro na minha espécie, sim, muito raro. Agora que eles não me têm mais, o que fazem? Enfastiam-se como cães. Sou um saco inesgotável de impertinências. A cada instante eu tinha uma tirada que os fazia rir até as lágrimas, eu era para eles as Petites-Maison, o hospício inteiro.

Eu – Mas também tínheis mesa, cama, roupa, sapatos e uma pistola por mês.

Ele – Eis o lado bom. Eis o benefício; mas dos ônus, vós não dizeis uma palavra. Primeiro, se havia o rumor de uma peça nova, fizesse o tempo que fizesse, eu precisava fuçar em todos os sótãos de Paris até que encontrasse o autor; que eu arranjasse a leitura da obra, e que eu insinuasse com muito jeito que havia um papel que seria superiormente representado por alguém do meu conhecimento. 'E por quem, se vos apraz? – Por quem? Bela questão! São as próprias graças, a gentileza, a finura. – Quereis dizer, a senhorita Dangeville? Por acaso vós a conheceríeis? – Sim, um pouco; mas não é ela. – Então quem é?' Digo o nome bem baixo. 'Ela! – Sim, ela', repetia um pouco envergonhada, pois às vezes tenho pudor; e quando o nome era repetido, cumpria ver como a fisionomia do poeta se alongava, e outras vezes como me riam na cara. Entretanto, de bom grado ou mau grado, era mister que eu levasse o homem para jantar; e ele, que receava comprometer-se, carranqueava, agradecia. Era preciso ver como me tratavam quando eu não era bem sucedido na minha negociação: eu era um estúpido, um tolo, um bronco, eu não prestava para nada; não valia o copo d'água que me davam para beber. Era muito pior quando se representava, e quando era preciso ir intrepidamente, em meio das vaias de um público que sabe julgar, digam o que disserem, fazer ouvir minhas palmas de mãos isoladas; atrair os olhares sobre mim; às vezes roubar à atriz os assobios; e ouvir cochichar ao meu lado: 'É um dos criados disfarçados daquele que dorme com ela; esse patife não vai ficar quieto?...' Ignora-se o que possa levar a isso, crê-se que é a inépcia, ao passo que é um motivo que desculpa tudo.

Eu – Até a infração das leis civis.

Ele – Entretanto, no fim eu já era conhecido, e dizia-se: "Oh!, é Rameau". Meu recurso era lançar algumas palavras irônicas que salvassem do ridículo meu aplauso solitário, que era interpretado ao revés. Admiti que é mister um forte interesse para enfrentar assim o público reunido, e que cada uma dessas corvéias valia mais do que um mísero escudo.

EU – Por que não fazíeis com que vos prestassem mão forte?

ELE – Isto também me acontecia, e eu me aproveitava um pouco disso. Antes de ir ao lugar do suplício, cumpria carregar a memória com passagens brilhantes, em que importava dar o tom. Se me acontecia esquecê-las e enganar-me, desabava sobre mim um terremoto na volta; era um barulho de que vós não fazeis idéia. E depois em casa uma matilha de cães para cuidar; é verdade que eu me havia imposto estupidamente essa tarefa; e os gatos cuja superintendência eu exercia; eu ficava felicíssimo se Micou me favorecia com uma unhada que me dilacerava a manga ou a mão. Criquette é sujeita a cólicas; sou eu quem lhe esfrega a barriga. Antigamente, a senhorita sofria de gases; hoje são os nervos. Não falo de outras indisposições ligeiras das quais ela não se acanha diante de mim. Quanto a isso, passa; nunca pretendi constranger. Li, não sei onde, que um príncipe cognominado o grande permanecia às vezes apoiado no espaldar da cadeira furada da amante[134]. A gente sempre está à vontade com os familiares, e eu o estava naqueles dias mais do que ninguém. Sou o apóstolo da familiaridade e do sentir-se à vontade. Eu lhes pregava pelo exemplo, sem que isso se formalizasse; bastava que me deixassem seguir. Já vos esbocei o patrão. A senhorita começa a tornar-se enfadonha; é preciso ouvir as belas histórias que as pessoas contam a seu respeito.

EU – E vós não sois uma dessas pessoas?

ELE – Por que não?

EU – É que pelo menos é indecente atribuir ridículos a seus benfeitores.

ELE – Mas não é ainda pior autorizar-se a usar dos benefícios para aviltar o protegido?

EU – Mas se o protegido não fosse vil por si mesmo, nada daria ao protetor essa autoridade.

134. Alusão a Luís XIV e à Sra. de Maintenon.

ELE – Mas se as personagens não fossem ridículas por si próprias, não se fariam boas histórias a seu respeito. E depois, será minha culpa se, quando se acanalharam, elas são traídas, se elas são escarnecidas? Quando se resolve viver com pessoas como nós, e se tem bom senso, há não sei quantas infâmias às quais cumpre esperar. Quando nos acolhem, não nos conhecem eles por aquilo que somos, almas interesseiras, vis e pérfidas? Se nos conhecem, tudo está bem. Há um pacto tácito de que nos farão o bem e que, cedo ou tarde, nós pagaremos com o mal o bem que nos terão feito. Não subsiste este pacto entre o homem e o seu macaco ou o seu papagaio? Brun[135] brada em altas vozes que Palissot, seu convidado e seu amigo, escreveu coplas contra ele. Palissot teve de fazer as coplas, e é Brun que está errado. Poinsinet grita em alto som que Palissot lançou na sua conta a culpa pelas estrofes que havia feito contra Brun. Palissot precisou lançar na conta de Poinsinet as coplas que ele fizera contra Brun; e é Poinsinet que está errado. O abadezinho Rey[136] berra em altos brados que seu amigo Palissot roubou-lhe a amante a quem ele o havia apresentado. É que não devia de modo algum introduzir um Palissot na casa da amante, ou então resolver-se a perdê-la. Palissot fez o seu dever; e é o abade Rey que está errado. O livreiro David[137] grita em alta voz que seu sócio Palissot dormiu ou quis dormir com sua mulher; a mulher do livreiro David lança aos altos gritos que Palissot deixou crer a quem quisesse que havia dormido com ela; que Palissot tenha dormido ou não com a mulher do livreiro é difícil de decidir,

135. A identidade desta figura não é clara, ora é associada a Ponce-Denis Écouchard Le Brun, (1729-1807), chamado Le Brun-Pindare, poeta épico e lírico, que polemizou contra Fréron, ou a seu irmão Jean-Étienne Le Brun de Granville, (1738-1765), redator da *Rennommée littéraire*, em que investiu contra Fréron e Palissot.

136. Não há certeza também quanto a esta personagem, talvez se trate do abade Rey, doutor em teologia, capelão da ordem de São Lázaro.

137. Michel-Antoine David, (?-1769), dito o Primogênito, livreiro e impressor, que obteve o privilégio real para distribuir as gazetas estrangeiras e, depois, se associou com Palissot para explorar o direito de traduzi-las e publicá-las, tendo ambos editado, com títulos diferentes, as *Gazettes et papiers anglais*. Diderot foi contratado por ele a fim de realizar a *Encyclopédie*, empreendimento em que David esteve associado a outros três editores.

pois a mulher tinha de negar o que houve, e Palissot pôde fazer crer o que não houve. Como quer que seja, Palissot fez o seu papel, e é David e sua mulher que estão errados. Que Helvetius clame em altos tons que Palissot o colocou em cena como um homem desonesto, a ele a quem ainda deve o dinheiro que lhe emprestou para tratar do seu mau estado de saúde, alimentar-se e vestir-se. Deveria ele esperar outro procedimento de um homem maculado por toda sorte de infâmias, que por passatempo faz o amigo abjurar a religião[138], que se apodera dos bens de seus sócios, que não tem nem fé, nem lei, nem sentimento; que corre atrás da fortuna *per faz et nefas*[139]; que conta os dias pelos crimes que pratica; e que se põe a si mesmo em cena como um dos mais perigosos patifes, impudência que não acredito ter havido no passado um primeiro exemplo, nem que haja um segundo no futuro. Não. Não é, portanto, Palissot, mas Helvetius que está errado. Se a gente leva um jovem provinciano à *menagerie* de Versalhes[140], e se ele resolve, por tolice, passar a mão entre as barras da jaula do tigre ou da pantera; se o moço deixa o seu braço na goela do animal feroz; quem está errado? Tudo isso está escrito no pacto tácito. Tanto pior para aquele que o ignora ou o esquece. Quanta gente eu justificaria por esse pacto universal e sagrado, pessoas que são acusadas de maldade; ao passo que é a si próprio que se deveria acusar de tolice. Sim, gorda condessa[141], sois vós que estais errada, quando reunis à vossa volta o que se chama entre as pessoas de vossa categoria, de

138. Nas considerações do Sobrinho sobre a ética da patifaria ou a axiologia da imoralidade, entre os vários casos citados ele invoca o de Palissot que teria convencido Poinsinet a converter-se ao protestantismo para obter um cargo junto ao rei da Prússia. A fala, no conjunto, faz um comentário sobre uma peça encenada com muito sucesso em 1760, *Les philosophes*, escrita por Palissot, que ridiculariza Diderot, d'Alembert, Rousseau, Helvétius e Sra. Geoffrin, para gáudio dos anti-enciclopedistas.

139. "Pelos meios lícitos e ilícitos".

140. A *menagerie* é uma coleção e exposição de animais. A de Versalhes, perto do grande canal, começou como um aviário no reinado de Luís XIII, incluindo com o tempo animais selvagens de maior porte. Durante a Revolução Francesa, o zoológico foi transferido para o Jardin des Plantes.

141. Referência a Marie-Anne-Françoise de Noailles, ver n. 49.

espèces[142], de seres desprezíveis, e quando esses seres desprezíveis vos fazem vilanias, e vos levam a fazê-las, e vos expõem ao ressentimento das pessoas de bem. As pessoas de bem fazem o que devem; as desprezíveis também; e sois vós que estais errada por acolhê-las. Se Bertinhus[143] vivesse calmamente, pacificamente com sua amante; se pela honestidade de seus caracteres, eles tivessem conhecido pessoas honestas; se houvessem reunido em torno de si homens de talento, pessoas conhecidas na sociedade por sua virtude; se houvessem reservado a uma pequena companhia esclarecida e selecionada as horas de distração que teriam roubado à doçura de estarem juntos, de se amarem, de se dizerem isso no silêncio do retiro; credes vós que se teriam feito nem boas nem más histórias a respeito deles? O que lhes sucedeu, pois? Aquilo que eles mereciam. Foram punidos por sua imprudência; e foi a nós que a Providência destinou para toda a eternidade a tarefa de fazer justiça aos Bertins do dia; e foi aos nossos semelhantes dentre os nossos sobrinhos que ela destinou a tarefa de fazer justiça aos Monsauges e aos Bertins vindouros. Mas enquanto executamos os seus justos decretos sobre a tolice, vós que nos pintais tais como somos, vós executais seus justos decretos sobre nós. O que pensaríeis de nós, se pretendêssemos com nossos costumes vergonhosos desfrutar da consideração pública? Que somos insensatos. E serão sábios aqueles que esperam procedimentos honestos de parte de pessoas nascidas viciosas, de caráter vil e baixo? Tudo tem seu verdadeiro preço neste mundo. Há dois procuradores gerais, um à vossa porta que castiga os delitos contra a sociedade. A natureza é o outro. Ela conhece todos os vícios que escapam às leis. Vós vos entregais ao deboche de

142. Trata-se de um neologismo que aparece no século XVIII, com um significado derrisório específico, pois caracteriza o indivíduo de certa consideração social que não faz jus ao mérito desta e presta-se a reforçar o seu aviltamento.

143. Bertinhus, nome composto por Bertinus (Bertin de Blagny, ver n. 76, cognominado Bertinus por ter sido eleito, sem maior mérito, para a Académie des Inscriptions), e sua amante, a senhorita Hus (ver n. 47).

mulheres; vós ficareis hidrópico. Vós sois crapuloso; sereis pneumônico. Vós abris vossa porta aos velhacos, e viveis com eles; vós sereis traído, zombado, desprezado. O mais simples é resignar-se à eqüidade desses julgamentos; e dizer-se a si próprio, é bem feito, sacudir a cabeça, e emendar-se ou permanecer aquilo que a gente é, mas nas condições acima citadas.

Eu – Tendes razão.

Ele –De resto, a respeito dessas histórias más, eu não inventei nenhuma; eu me atenho ao papel de leva e trás. Dizem que há alguns dias, por volta das cinco da manhã, ouviu-se um barulho furioso; todas as campainhas estavam em ação; eram os gritos interrompidos e surdos de um homem que sufoca: 'Socorro, socorro, eu sufoco, eu morro...' Estes gritos partiam do apartamento do patrão. Acorrem, socorrem-no. A nossa gorda criatura, com a cabeça transviada, fora de si, como acontece nesses momentos, continuava a apressar seus movimentos, erguia-se sobre as duas mãos e, do mais alto que podia, deixava recair sobre as partes naturais um peso de duzentas a trezentas libras, animada de toda a velocidade que dá o furor do prazer. Tiveram muito trabalho para tirá-lo de lá. Que diabo de fantasia tem um pequeno martelo para colocar-se debaixo de uma pesada bigorna.

Eu – Vós sois um debochado. Falemos de outra coisa. Desde que começamos a conversar, tenho uma pergunta na ponta da língua.

Ele – Por que a seguraste tanto tempo?

Eu – É que eu temia que ela fosse indiscreta.

Ele – Depois do que acabo de vos revelar, ignoro qual segredo eu posso ter para vós.

Eu – Vós não duvidais quanto ao julgamento que faço de vosso caráter?

Ele – Não tenho dúvida nenhuma. Sou a vossos olhos um ser muito abjeto, dos mais desprezíveis, e eu o sou também por vezes aos meus; mas raramente. Eu me felicito mais freqüentemente pelos meus vícios do que me censuro por eles. Vós sois mais constante em vosso menosprezo.

Eu – É verdade; mas por que me expor toda a vossa torpeza?

ELE – Primeiro, é porque vós a conheceis em boa parte, e porque eu via mais a ganhar nisso do que a perder, em vos confessar o resto.

EU – Como assim, se vos apraz?

ELE – Se importa ser sublime em algum gênero, é sobretudo no mal. Cospe-se num pequeno gatuno; mas não se pode recusar uma espécie de consideração a um grande criminoso. Sua coragem vos espanta. Sua atrocidade vos faz fremir. Prezamos em tudo a unidade de caráter.

EU – Mas essa estimável unidade de caráter, vós não a tendes ainda. Eu vos acho de vez em quando vacilante em vossos princípios. É incerto se deveis vossa maldade à natureza, ou ao estudo, e se o estudo vos levou tão longe quanto possível.

ELE – Concordo; mas de minha parte fiz o melhor que pude. Não tive eu a modéstia de reconhecer seres mais perfeitos do que eu? Não vos falei de Bouret com a mais profunda admiração? Bouret é o primeiro homem do mundo, no meu parecer.

EU – Mas imediatamente depois de Bouret, sois vós.

ELE – Não.

EU – É Palissot, então?

ELE – É Palissot, mas não é Palissot sozinho.

EU – E quem pode ser digno de partilhar com ele o segundo lugar?

ELE – O renegado de Avignon[144].

EU – Nunca ouvi falar deste renegado de Avignon, mas ele deve ser um homem bem espantoso.

ELE – Ele também o é.

EU – A história dos grandes personagens sempre me interessou.

144. O relato e a personagem parecem ter sido inspirados por um carmelita italiano, de mau caráter, Mecenati, (?-1747), que em 1731 denunciou ao Santo Ofício um praticante do judaísmo e depois fugiu para a Inglaterra com a fortuna da vítima. Diderot transpõe a cena para Avignon, que permaneceu sob jurisdição pontifical e era o único lugar na França em que a Inquisição podia exercer a sua ação.

Ele – Bem o creio. Este vivia na casa de um desses bons e honestos descendentes de Abraão, prometidos ao pai dos Crentes, em número igual ao número das estrelas.

Eu – Em casa de um judeu?

Ele – Sim, em casa de um judeu. Ele havia despertado primeiro a sua comiseração, em seguida a benevolência e, por fim, a mais completa confiança. Pois é assim que acontece sempre. Contamos tanto com os nossos benefícios que é raro escondermos o nosso segredo àquele que cumulamos de nossas bondades. Qual o meio para que não haja ingratos, se expomos o homem à tentação de sê-lo impunemente? É uma reflexão justa que o nosso judeu não fez. Confiou, portanto, ao renegado, que não podia em sã consciência comer carne de porco. Vereis todo o partido que um espírito fecundo soube tirar dessa confissão. Passaram-se alguns meses durante os quais o nosso renegado redobrou as mostras de sua dedicação. Quando julgou que o judeu estava bastante tocado, bastante cativado, e bastante convencido por seus cuidados, que não tinha melhor amigo em todas as tribos de Israel... Admirai a circunspecção desse homem. Ele não se apressa. Ele deixa a pêra amadurecer antes de sacudir o galho. Demasiado ardor poderia pôr a perder o projeto. É que comumente a grandeza do caráter resulta do equilíbrio natural de várias qualidades opostas.

Eu – Deixai para lá vossas reflexões e continuai a me contar a vossa história.

Ele – Não é possível. Há dias em que é necessário que eu reflita. É uma doença que se deve abandonar ao seu próprio curso. Onde estava eu?

Eu – Na intimidade bem estabelecida, entre o judeu e o renegado.

Ele – Então a pêra estava madura... Mas vós não me escutais. No que pensais?

Eu – Penso na desigualdade de vosso tom; ora alto, ora baixo.

Ele – Será que o tom de um homem vicioso pode ser um só? Uma noite, ele chega à casa do bom amigo, com o ar assustado, a voz entrecortada, o semblante pálido como a morte, tremendo com todos os seus membros. 'O que tendes? – Estamos perdidos. – Perdidos, como? – Perdidos, eu vos digo; perdidos sem remédio. – Explicai-vos... – Um momento para me refazer do susto. – Vamos, refazei-vos', disse-lhe o judeu, em vez de lhe dizer: 'Tu és um rematado velhaco; não sei o que tens a me informar, mas tu és um rematado velhaco; finges terror'.

Eu – E por que deveria ele falar-lhe assim?

Ele – É que ele era falso e que havia passado da medida. Isso é claro para mim, e deixai de me interromper. 'Estamos perdidos, perdidos sem remédio'. Será que não sentis a afetação desses *perdidos* repetidos. 'Um traidor nos denunciou à Santa Inquisição, vós como judeu, eu como renegado, como um infame renegado'. Vede que o traidor não se ruborizou ao servir-se das mais odiosas expressões. É preciso de mais coragem do que se pensa para chamar-se pelo próprio nome. Não sabeis o que custa para chegar a este ponto.

Eu – Não, certamente. Mas esse infame renegado...

Ele – É falso; mas é uma falsidade bem hábil. O judeu se apavora, arranca os pêlos da barba, rola no chão. Vê os esbirros à sua porta, vê-se embuçado no sambenito[145], vê o seu auto-de-fé preparado. 'Meu amigo, meu terno amigo, meu único amigo, o que fazer?... – Que fazer? Mostrar-se, afetar a máxima segurança, conduzir-se como de hábito. O procedimento desse tribunal é secreto, mas lento. É preciso aproveitar a demora para vender tudo. Vou alugar ou mandar alugar um barco por um terceiro; sim, por um terceiro, será melhor. Depositaremos aí a vossa fortuna; pois é a vossa fortuna principalmente que eles querem; e iremos, vós e eu, buscar, sob um outro céu, a liberdade de servir ao nosso Deus e de seguir em segurança a lei de Abraão e de nossa consciência. O ponto importante na circunstância perigosa em que nos encontramos é o de não cometer nenhuma imprudência'. Dito e feito. O barco é alugado e provido de víveres e de marujos. A fortuna do judeu está a bordo. Amanhã, ao despontar do dia, darão à vela. Eles podem jantar alegre-

145. Os condenados pela Inquisição à fogueira, no auto-de-fé, eram obrigados a vestir um hábito amarelo em forma de saco, o sambenito

mente e dormir em segurança. Amanhã, hão de escapar de seus perseguidores. Durante a noite, o renegado levanta-se, despoja o judeu de sua carteira, de sua bolsa e de suas jóias; mete-se a bordo e ei-lo de partida. E credes que isto seja tudo? Bom, vejo que não compreendestes. Quando me contaram essa história, quanto a mim, eu adivinhei aquilo que vos calei a fim de pôr à prova vossa sagacidade. Fizestes muito bem em ser um homem honesto; do contrário seríeis apenas um mero velhaco. Até aqui o renegado não é mais do que isso. É um patife desprezível com quem pessoa alguma gostaria de assemelhar-se. O sublime de sua maldade é o de ter sido ele mesmo o delator de seu bom amigo israelita, de quem a Santa Inquisição se apoderou ao despertar, e do qual, alguns dias depois, se fez uma bela fogueira de alegria. E foi assim que o renegado se tornou o tranqüilo possuidor da fortuna daquele descendente maldito dos que crucificaram Nosso Senhor.

EU – Não sei qual dos dois me causa mais horror, se a perversidade de vosso renegado, ou se o tom com que falais disso.

ELE – E aí está aquilo que eu vos dizia. A atrocidade da ação vos leva para além do desprezo; e é a razão de minha sinceridade. Quis que conhecêsseis até onde eu era excelente em minha arte; arrancar-vos a confissão de que eu era ao menos original no meu aviltamento, colocar-me na vossa cabeça na linha dos grandes biltres e gritar para mim em seguida: *Vivat Mascarillus, fourbum Imperator!* Vamos, alegria, senhor filósofo; coro: *Vivat Mascarillus, fourbum Imperator*!"[146]

Nisso, ele se pôs a entoar um canto em fuga, absolutamente singular. Ora a melodia era grave e cheia de majestade; ora ligeira e brincalhona; num instante imitava o baixo; noutro, uma das partes altas; indicava-me com o braço e o pescoço alongados, os lugares dos sustenidos; e executava e compunha para si mesmo um canto de triunfo, em que se percebia que ele entendia mais de boa música do que de bons costumes.

146. "Viva Mascarillo, o imperador dos velhacos", verso de Molière, na peça *L'Étourdi*, ato II, 8.

Eu não sabia se deveria ficar ou fugir, rir ou indignar-me. Fiquei, com a intenção de desviar a conversa para qualquer outro assunto que expulsasse de minha alma o horror que a inundara. Eu começava a suportar com dificuldade a presença de um homem que discutia uma ação horrível, um crime execrável, como um conhecedor de pintura ou de poesia examina as belezas de uma obra de gosto; ou como um moralista ou um historiador realça e faz brilhar as circunstâncias de um feito heróico. Tornei-me sombrio, a despeito de mim mesmo. Ele o percebeu e me disse:

ELE – Que tendes? Estais vos sentindo mal?

EU – Um pouco; mas isso logo passará.

ELE – Tendes o ar preocupado de um homem atormentado por alguma idéia desagradável.

EU – É isso.

Após um momento de silêncio de parte a parte, durante o qual ele andava de um para outro lado, assobiando e cantando; para reconduzi-lo ao seu talento, eu lhe disse: "O que fazeis presentemente?

ELE – Nada.

EU – Isso é muito fatigante.

ELE – Eu já era suficientemente estúpido. Mas ainda fui ouvir aquela música de Douni[147] e de nossos outros jovens fazedores, que acabou comigo.

EU – Aprovais então esse gênero.

ELE – Sem dúvida.

EU – E encontrais beleza nesses novos cantos?

147. Egidio-Romualdo Duni (Douni para Diderot), (1709-1775), compositor napolitano, condiscípulo de Pergolese, cravista, fixou-se em Paris em 1756 e, após o triunfo de *Peintre amoureux de son modèle* (Pintor Apaixonado por seu Modelo) no Opéra-Comique, cultivou o gênero operístico bufo, tornando-se um de seus mais notórios expoentes. Porém, o seu papel intelectual e artístico mais marcante na França, onde serviu de uma espécie de elo entre a arte e a literatura de sua terra de origem e a de adoção, havendo granjeado o apoio entusiástico dos Filósofos que chegaram a ver nele um segundo Lulli, foi o de ter sido um dos principais introdutores da música e da estética italianas na França.

ELE – Se encontro? Por Deus, eu vos respondo. Como isso é declamado! Que verdade! Que expressão!

EU – Toda arte de imitação tem seu modelo na natureza. Qual é o modelo do músico, quando compõe um canto?

ELE – Por que não pegar a coisa mais em cima? O que é um canto?

EU – Eu vos confessarei que essa questão está acima de minhas forças. Eis como somos todos. Não temos na memória senão palavras que acreditamos entender pelo uso freqüente e pela aplicação mesmo justa que delas fazemos; no espírito, senão noções vagas. Quando pronuncio o termo canto, não tenho noções mais nítidas do que vós, e da maioria de vossos iguais, quando dizem: reputação, culpa, honra, vício, virtude, pudor, decência, vergonha, ridículo.

ELE – O canto é uma imitação, pelos sons de uma escala inventada pela arte ou inspirada pela natureza, como vos aprouver, ou pela voz ou pelo instrumento, dos ruídos físicos ou dos acentos da paixão; e vedes que, mudando-se dentro disso as coisas a mudar, a definição convirá exatamente à pintura, à eloqüência, à escultura e à poesia. Agora, para voltar à vossa questão: qual é o modelo do músico ou do canto? É a declamação, se o modelo for um ser vivente e pensante; é o ruído se o modelo for inanimado. Cumpre considerar a declamação como uma linha, e o canto como outra linha que serpenteia sobre a primeira. Quanto mais esta declamação, tipo de canto, for verdadeira e forte, mais o canto que se lhe conforma a cortará em um maior número de pontos; tanto mais o canto será verdadeiro, e mais belo ele será. E foi o que sentiram muito bem os nossos jovens músicos. Quando se ouve 'Eu Sou um Pobre Diabo'[148], crê-se reconhecer o lamento de um avaro; se ele não cantasse, seria no mesmo tom que falaria à terra, quando lhe confia o seu ouro e lhe diz: 'Ó Terra, Recebe o meu Tesouro'[149]. E aquela joven-

148. Arieta da comédia em dois atos, com música de Duni, *L'Ile des fous* (Ilha dos Loucos, 1760), em que a personagem Sordide, um louco avarento, canta "Eu sou um Pobre Diabo".

149. Ária do fim do primeiro ato da comédia citada na nota anterior.

zinha que sente palpitar o coração, que enrubesce, que se perturba e que suplica ao monsenhor que a deixe partir, poderia ela exprimir-se de outro modo? Há nessas obras toda espécie de caracteres, uma variedade infinita de declamações. Isto é sublime; sou eu que vos digo. Ide, ide ouvir o trecho em que o moço que, sentindo-se morrer, exclama: 'Meu Coração se Vai!'[150] Escutai o canto; escutai a sinfonia, e vós me direis depois que diferença há entre as verdadeiras condutas de um moribundo e a forma desse canto. Vereis se a linha da melodia não coincide inteiramente com a linha da declamação. Eu não vos falo do compasso que é ainda uma das condições do canto; atenho-me à expressão; e não há nada mais evidente que a seguinte passagem que li em alguma parte: *Musices seminário accentus*[151], o acento é a sementeira da melodia. Julgai daí da dificuldade e da importância que é saber fazer bem o recitativo. Não há nenhuma bela ária da qual não se possa compor um belo recitativo, e nenhum recitativo, do qual uma pessoa hábil não possa tirar uma bela ária. Eu não gostaria de assegurar que aquele que recita bem, cantará bem; mas ficaria surpreso se aquele que canta bem não soubesse recitar bem. E crede em tudo isso que eu vos digo; pois é a verdade.

Eu – Eu não pediria algo melhor do que crer em vós, se um pequeno inconveniente não me detivesse.

Ele – E qual é esse inconveniente?

Eu – É que, se essa música é sublime, cumpre que a do divino Lulli, de Campra, de Destouches, de Mouret[152], e mes-

150. Canção da ópera cômica de Philidor, *Le maréchal-ferrant* (O Ferrador), apresentada em 1761, na Feira de Saint-Laurent.

151. Diderot emprega aqui um adágio que, tenha ou não colhido diretamente na fonte, provém do livro de Martianus Mineus Felix Capella, compilador latino do século V d.C. que reuniu no *Satyricon* uma enciclopédia do saber da Antigüidade, incluindo a gramática, a dialética, a retórica, a geometria, a aritmética, a astronomia e a música. Obra muito popular na Idade Média, ela foi impressa pela primeira vez em 1599.

152. Os quatro nomes mencionados são de músicos pertencentes à escola francesa: Lulli, ver n. 15. André Campra, (1660-1744), compositor provençal, organista, mestre de música na Notre-Dame de Paris, condutor no Opéra e

mo, diga-se o entre nós, a de vosso caro tio, seja um pouco insípida.

Ele, *aproximando-se de minha orelha, me respondeu* – Eu não gostaria de ser ouvido; pois há aqui muita gente que me conhece; é que ela o é também. Não é que eu me preocupe com o caro tio, pois caro ele custa. É uma pedra. Ele poderia me ver com a língua de fora um palmo, que não me daria um copo de água; mas em vão ele faz na oitava, na sétima, hon, hon; hin, hin; tu, tu, tu; tu-re-lu-tu-tu, com um charivari do diabo; aqueles que começam a entender da coisa, e que não tomam mais uma barulheira por música, jamais se conformarão com isso. Dever-se-ia proibir, por uma ordem de polícia, a qualquer pessoa, de qualquer qualidade ou condição que fosse, obrigar a cantar o *Stabat* de Pergolese[153]. Esse *Stabat*, cumpriria mandá-lo queimar pela mão do carrasco. Por minha fé, esses malditos palhaços, com sua *Servante maîtresse*[154], seu *Tracollo*[155] nos deram rudemente um pontapé na bunda. Outrora, um *Tancrède*,

diretor musical na casa do príncipe de Conti, criador de dezoito óperas; sua produção representa uma transição entre Lulli e Rameau. André-Cardinal Destouches, (1672-1749), aluno de Campra, inspetor da Academia Real de Música, mestre de música de La Chambre, autor de óperas. Jean-Joseph Mouret, (1682-1738), compositor de música de câmara, superintendente musical da duquesa de Maine, diretor do Concerto Espiritual, autor de motetos, cantatas, óperas-balés, gozou de grande prestígio na época da Regência, mas sua estrela foi ofuscada por Rameau de quem teve muito ciúme.

153. A menção é ao célebre *Stabat Mater* para duas vozes femininas, órgão e quarteto de cordas, que consagrou o músico napolitano, Giovanni-Battista Pergolese, (1710-1736).

154. A *Serva Padrona*, ópera bufa de Pergolese, foi representada pela primeira vez em Paris no ano de 1746. Riccoboni e a *signora* Monti a levaram em italiano, assim como os Bufões, ao reapresentá-la, em 1752, numa interpretação rica em sua teatralidade cômica, fato que deu origem a uma querela famosa sobre o caráter a ser impresso numa obra musical deste gênero. Mas somente com *La servante maîtresse*, isto é, na versão francesa de Bauran, cantada pela troupe do Opéra, em 1754, é que esta peça realmente triunfou junto ao público parisiense.

155. *Tracollo medico ignorante*, também um *divertissement* ou *intermezzo* musical bufonesco, composto por Pergolese em 1734, com libreto de Tommaso Mariani e mais tarde remanejado por Goldoni, subiu à cena do Opéra de Paris, em 1753.

uma *Issé*, uma *Europe galante*, as *Indes*, e o *Castor*, e os *Talents lyriques*[156], ficavam por quatro, cinco meses. Não se via o fim das representações de uma *Armide*[157]. Atualmente, tudo isso vos tomba, uns sobre os outros como um capuchinho de cartas[158]. Por isso Rebel e Francoeur[159] cospem fogo e flama. Dizem que tudo está perdido, que estão arruinados; e que se for tolerada por mais tempo essa canalha cantante da feira[160], a música nacional vai pro diabo; e que à Academia Real[161] do Beco só resta fechar as portas. Há de fato alguma verdade nisso. As velhas perucas que vêm aí há trinta ou quarenta anos, todas as sextas-feiras, em vez de se divertirem como no passado, entediam-se e bocejam sem saber muito bem por que. Elas se perguntam e não saberiam responder-se. Por que não se dirigem a mim? A predição de Douni cumprir-se-á; e do jeito que isso vai, quero morrer se, dentro de quatro ou cinco anos a partir do *Peintre amoureux*

156. *Tancrède*, tragédia lírica de Campra com libreto de Danchet, 1702; *Issé*, balé heróico de Destouches, libreto de La Motte, 1697, com duas versões posteriores, uma de 1708 e outra de 1724; *L'Europe galante*, ópera-balé de Campra, com algumas árias de Destouches, libreto de La Motte, 1697; *Les Indes galantes*, ópera-balé, libreto de Fuzelier, 1735; *Castor et Pollux*, tragédia em música, libreto de P.-J. Bernard, 1737; *Les talents lyriques* ou *Les fêtes d'Hébé*, libreto de A.-J. de Montdorge, 1739, sendo as três últimas obras composições de J.-Ph. Rameau.

157. Tragédia lírica em cinco atos e prólogo, com música de Lulli e libreto de Quinault, *Armide*, levada em 1686, continuou a desfrutar do favor do auditório em Paris, nas subseqüentes reapresentações no século XVIII.

158. Modo de dispor uma pilha de cartas de forma que esta fique de pé, apoiada sobre um dos lados, imitando grosseiramente um capuz.

159. François Rebel, (1701-1775), compositor, violinista do Opéra desde os 13 anos juntamente com François Francoeur, (1698-1787), que foi também seu parceiro na criação de dezenas de óperas e exerceu, como ele, numa amizade que durou quarenta e cinco anos, os cargos de inspetor da Academia Real de Música e diretor de seu teatro.

160. Somente em 1762 ocorreu a junção da ópera bufa da Feira (Foire de Saint-Laurent e a de Saint-Germain) com a Commédie-Italienne e, sob o nome de Opéra-Comique, instalaram-se, em 1781, perto do *boulevard* que traz o seu nome, na sala Favart, construída para acolhê-los.

161. O Palais-Royal abrigou o Opéra até 1763, quando este foi destruído por um incêndio, e o acesso à sala de espetáculo se fazia pelo fundo do beco denominado Cour Orry.

de son modèle[162], houver um só gato pingado no célebre Beco. Essa boa gente renunciou a suas próprias sinfonias para tocar as sinfonias italianas. Acharam que poderiam entregar os ouvidos a elas, sem conseqüência para a sua música vocal, como se a sinfonia não estivesse para o canto, com um pouco de libertinagem[163] inspirada pela extensão do instrumento e pela mobilidade dos dedos, como o canto está para a declamação real. Como se o violino não fosse o imitante do cantor, que se tornará um dia, quando o difícil tomar o lugar do belo, o imitador do violino. O primeiro que tocou Locatelli[164] foi o apóstolo da nova música. Para outros, para outros. Acostumar-nos-ão à imitação dos acentos da paixão ou dos fenômenos da natureza, pelo canto e pela voz, pelo instrumento, pois aí reside toda a extensão do objeto da música, e nós conservaremos o nosso gosto pelos vôos, pelos lances, pelas glórias, pelos triunfos, pelas vitórias? *Va-t'en voir, s'ils viennent, Jean*[165]. Eles imaginaram que chorariam ou ririam nas cenas de tragédia ou de comédia, musicadas; que seriam levados a seus ouvidos os acentos do furor, do ódio, do ciúme, os verdadeiros lamentos do amor, as ironias e as brincadeiras do teatro italiano ou francês; e que permaneceriam admiradores de *Ragonde* e de *Platée*[166]. Eu te respondo: *tarare, ponpon*[167]; que experimentariam, incessantemente, com que facilidade, que flexibilidade, que languidez, a harmonia, a prosódia, as elipses, as inversões da língua italiana se presta-

162. Esta ópera-bufa foi encenada na Foire de Saint-Laurent em 1757 e reapresentada em 1758. Ver n. 147.

163. O termo utilizado pelo Sobrinho deve ser compreendido no sentido de desprezo pelas regras. Ainda, na mesma passagem, a palavra "sinfonia" se refere a trecho de ópera que a orquestra executava sozinha, como nas modernas aberturas.

164. Ver n. 57.

165. "Vá ver se eles vêm", refrão de velha canção popular muito usada pelo teatro de feira e, particularmente, na ópera bufa de Favart, *La Chercheuse d'ésprit*, apresentada na Foire de Saint-Germain de 1741.

166. *Les Amours de Ragonde*, comédia lírica em três atos, de Destouches, musicada por Mouret, 1742. *Platée* ou *Junon jalouse*, balé-bufo, apresentado em 1745 nas bodas do Delfim, com música de Rameau e um libreto em que J. Autreau e A. - J. Le Valois d'Orville parodiam as vocalizações italianas.

167. Estribilho onomatopaico e burlesco de uma antiga canção.

vam à arte, ao movimento, à expressão, aos torneios do canto, e ao valor medido dos sons, e que continuariam a ignorar o quanto a deles é rígida, surda, pesada, maçante, pedante e monótona. Ah sim, sim. Eles se persuadiram de que, após haver misturado suas lágrimas aos prantos de uma mãe que se desola pela morte de seu filho; após fremir com a ordem de um tirano a ordenar um assassínio, eles não se entediariam com sua magia, sua insípida mitologia, seus pequenos madrigais adocicados que não assinalam menos o mau gosto do poeta do que a miséria da arte que se lhe acomoda. A boa gente! Isto não é e não pode ser. O verdadeiro, o bom e o belo têm seus direitos. São contestados, mas acabam por ser admirados. Aquilo que não estiver marcado com este cunho, a gente admira por algum tempo; mas acaba por bocejar. Bocejai, portanto, meus caros senhores; bocejai à vontade. Não vos incomodeis. O império da natureza, e de minha trindade, contra a qual as portas do inferno não prevalecerão jamais: o verdadeiro que é o pai, e que engendra o bom que é o filho; de onde procede o belo que é o espírito santo, se estabelece com toda suavidade. O deus estrangeiro coloca-se humildemente ao lado do ídolo do país; pouco a pouco, afirma-se aí; um belo dia empurra com o cotovelo o seu camarada; e pumba, lá vai o ídolo abaixo. Parece que foi assim, dizem, que os jesuítas plantaram o cristianismo na China e nas Índias. E digam aqueles jansenistas o que disserem, esse método político que vai ao seu alvo sem ruído, sem efusão de sangue, sem mártires, sem um topete de cabelo arrancado, parece-me o melhor.

Eu – Há boa razão, quase em tudo que acabais de dizer.

Ele – Razão!, tanto melhor. Quero que o diabo me carregue, se me empenhei nisso. Isso vai de qualquer jeito. Sou como os músicos do Beco, quando meu tio apareceu; se acerto em cheio, é que um jovem carvoeiro falará sempre melhor de seu ofício do que toda uma academia, e que todos os Duhamels[168] do mundo".

168. Henri-Louis Duhamel-Dumonceau, (1700-1772), agrônomo e botânico de renome europeu, membro da Academia de Ciências e do grupo dos

E depois eis que se põe a passear, murmurando no fundo da garganta algumas das árias da *Isle des fous*, do *Peintre amoureux de son modèle*, do *Marechal ferrant*, da *Plaideuse*[169] e, de vez em quando, bradava, levantando as mãos e os olhos para o céu: "Se isto é belo, irra! Se isto é belo. Como é que se pode carregar um par de orelhas na cabeça e fazer uma tal pergunta?" Ele começou a ser invadido pela paixão e a cantar baixinho. Elevava o tom à medida que se apaixonava mais; vieram em seguida os gestos, as caretas do rosto e as contorções do corpo; e eu digo, "bom; eis que a cabeça se perde e alguma nova cena se prepara"; com efeito, ele começa com uma explosão de voz: "Eu sou um pobre miserável... Monsenhor, monsenhor, deixai-me partir... Ó terra, recebe o meu ouro; conserva bem o meu tesouro... Minha alma, minha alma, minha vida! Ó terra!... Ei-lo ali o meu pequeno amigo; ei-lo ali o meu pequeno amigo! – Aspettare e non venire... A Zerbina penserete... Sempre in contrasti con te si sta"[170]. Amontoava e embrulhava, tudo junto, trinta árias, italianas, francesas, trágicas, cômicas, de todas as espécies de caracteres; ora com uma voz de baixo cantante, ele descia até os infernos; ora, esganiçando-se e contrafazendo o falsete, dilacerava o alto das árias, imitando no andar, na postura, no gesto, as diferentes personagens cantantes; sucessivamente furioso, abrandado, imperioso, escarnecedor. Aqui, é uma jovem que chora, e ele imita toda a sua denguice; ali, ele é padre, ele é rei, ele é tirano, ele ameaça, comanda, arrebata-se; ele é escravo, ele obedece, apazigua-se, desola-se, queixa-se, ri; jamais sai fora do tom, do compasso, do sentido das palavras e do caráter da ária. Todos os jogadores de xadrez haviam aban-

Fisiocratas, autor de numerosos tratados sobre as árvores e as plantas, bem como de uma importante *Art du Charbonnier* (Arte do Carvoeiro), editada em 1760 e publicada em muitas línguas.

169. Ver n. 162, para *Peintre amoureux*, e n. 150, para *Maréchal-ferrant*. A ópera cômica em três atos, *La plaideuse* ou *Le procés*, com libreto de Favart e música de Duni, foi apresentada na Commédie-Italienne em 1702.

170. Fala de Préville: (*Je suis*...até *terre*, no original), ver n. 79 e n. 80. (*Le voilá*... até *ami!*, no original), arieta da personagem Sordide, do primeiro ato de *Isles des Fous* e, por último, (*Aspettare*... até *sta*..., no original), arietas da *Servante maîtresse*, ver n. 154.

donado os seus tabuleiros e estavam reunidos à volta dele. As janelas do café estavam ocupadas, do lado de fora, pelos passantes que haviam se detido com o barulho. Havia explosões de riso a rachar o teto. Ele não percebia nada; continuava, tomado de uma alienação de espírito, de um entusiasmo tão próximo da loucura, que parecia incerto que pudesse voltar a si; e talvez fosse necessário jogá-lo dentro de um fiacre e levá-lo direto ao hospício das Petites-Maisons. Cantando um fragmento das *Lamentations* de Ioumelli[171], repetia com uma precisão, uma verdade e um calor incríveis, as mais belas passagens de cada trecho; esse belo recitativo[172] obrigatório em que o profeta pinta a desolação de Jerusalém, ele o regou com uma torrente de lágrimas que arrancaram outras tantas de todos os olhos. Tudo ali estava, quer a delicadeza do canto, quer a força da expressão, e quer a dor. Insistia nos trechos em que o músico se mostrava particularmente como um grande mestre; se abandonava a parte do canto, era para tomar a dos instrumentos que deixava subitamente para retornar à da voz; entrelaçando-os, de maneira a conservar as ligações e a unidade do todo; apoderando-se de nossas almas e deixando-as em suspenso na mais singular situação que jamais experimentei... Eu o admirava? Sim, eu o admirava! Era eu tocado pela piedade? Sim, eu era tocado pela piedade; mas uma tintura de ridículo mesclava-se a estes sentimentos e os desnaturava.

Mas vós teríeis caído em ataques de riso com a maneira pela qual ele arremedava os diferentes instrumentos. Com as bochechas intumescidas e estufadas, e um som rouco e velado, imitava as trompas e os fagotes; tomava um tom brilhante e anasalado para os oboés; precipitava a voz com incrível rapi-

171. Niccolo Jomelli d'Aversa, Ioumelli para Diderot, (1714-1774), compositor napolitano, estabeleceu-se em Stuttgart por volta de 1754, dirigindo uma orquestra considerada a melhor da Europa. Autor de mais de cinqüenta óperas, marcou época, sobretudo por suas numerosas cantatas e oratórios, entre os quais figuram as *Lamentations de Jérémias*, apresentadas nos Concertos Espirituais, durante a Semana Santa, quase com a mesma freqüência que o *Stabat* de Pergolese.

172. No assim chamado recitativo obrigatório, o recitante é sempre acompanhado pela orquestra.

dez, para os instrumentos de corda dos quais procurava os sons mais aproximados; assobiava os flautins; arrulhava as flautas transversais, gritando, cantando, desmandando-se como um condenado; representando, ele sozinho, os dançarinos, as dançarinas, os cantores, as cantoras, toda uma orquestra, um teatro lírico inteiro, e dividindo-se em vinte papéis diversos, correndo, detendo-se, com o ar de um energúmeno, com os olhos faiscantes, a boca espumando. Fazia um calor de morrer; e o suor que escorria pelos sulcos de sua fronte e ao longo de suas faces, misturava-se com o pó de seus cabelos, escorria e sulcava a gola de sua casaca. O que não o vi fazer? Ele chorava, ria, suspirava; olhava, ou enternecido, ou tranqüilo, ou furioso; era uma mulher que se esvai em dores; era um infeliz entregue a todo o seu desespero; um templo que se ergue; pássaros que se calam ao sol poente; águas que murmuram em um recanto solitário e fresco, ou que descem em torrentes do alto das montanhas; um temporal, uma tempestade, o queixume dos que vão perecer, mesclado ao silvo dos ventos, ao estrondo do trovão; era a noite com suas trevas; era a sombra e o silêncio; pois o próprio silêncio pode ser pintado pelos sons. Sua cabeça estava completamente perdida. Exaurido de fadiga, como um homem que sai de um sono profundo ou de uma longa distração, permanecia imóvel, estúpido, surpreso. Volvia os olhares ao redor de si, como um homem extraviado que procura reconhecer o lugar onde se acha. Esperava a volta de suas forças e de seus espíritos; enxugava maquinalmente o rosto. Semelhante a alguém que visse, ao despertar, seu leito rodeado de um grande número de pessoas; num total esquecimento ou numa profunda ignorância do que havia feito, exclamou no primeiro momento: "Ora bem, senhores, o que há? Por que o vosso riso e vosso espanto? O que há?" Em seguida acrescentou: "Eis o que se deve chamar de música e de músico. Entretanto, senhores, não se deve desprezar certos trechos de Lulli. Que se faça melhor a cena, *Ah!, j'attendrai*[173], sem mudar as palavras; desafio. Não se deve desprezar certas

173. Na tragédia lírica de Quinault, com música de Lulli, *Roland*, 1685, primeiras palavras da personagem-título, na ária que abre o quinto ato, parte dois.

passagens de Campra, as árias para violino de meu tio, suas gavotas; suas entradas de soldados, de padres, de sacrificadores... *Pâles flambeaux, nuit plus affreuse que les ténèbres... Dieux du Tartare, Dieu de l'Oublie...*" [Pálidos archotes, noites mais tenebrosas do que as trevas... Deuses do Tártaro, Deus do Esquecimento][174]. Aí, ele inflava a voz, sustentava os sons; os vizinhos punham-se às janelas; e nós metíamos os dedos nos ouvidos. Ele acrescentou, "aqui é preciso ter pulmões, um grande órgão, um volume de ar. Mas daqui a pouco, servidor na Assunção; a quaresma e o Dia de Reis já passaram[175]. Eles não sabem ainda o que é preciso pôr em música, nem por conseqüência o que convém ao músico. A poesia lírica ainda está por nascer. Mas chegarão a ela; à força de ouvir Pergolese, Saxão, Terradoglias, Trasetta[176] e outros; à força de ler Metastásio[177] terão efetivamente de chegar lá.

174. *Pâles...* até... *ténèbres...*, ária de Télaïre em *Castor et Pollux*, de Rameau e P. - J. Bernard. *Dieu...* até... *l'oubli...*, da ópera de Voltaire e Rameau, *Le Temple de la gloire*.

175. Trata-se de um dito popular francês cujo significado é que a Assunção passará como já passaram a Quaresma e o Dia de Reis. No texto, o Sobrinho pretende dizer que a música francesa já teve o seu tempo, que é coisa do passado.

176. Pergolese, ver n. 152 e n. 153. Jean-Adolphe-Pierre Hasse, (1699-1783), musicista alemão, chamado pelos italianos *Il caro Sassone* e o *Saxon* por Diderot, compôs mais de cem óperas na Itália, com libretos de Metastásio, além de cantatas, missas e músicas de câmara. Domingo-Miguel-Barnabé Terradellas, Terradoglias para Diderot, (1713-1751), nasceu em Barcelona, viveu em Roma, onde foi mestre de capela, e em Paris, autor de numerosas óperas de sucesso na época. Tommaso Traetta, cognominado Trajeta que Diderot transcrevia como Trasetta, (1727-1779), músico formado na corte de Nápoles, trabalhou nas cortes de Parma, Viena e Mannheim, onde adaptou obras e óperas de Rameau, e, de 1768 a 1775, serviu a Catarina II da Rússia, substituindo um dos inventores da ópera bufa, Baldassare Galuppi, o Buranello, (1706-1785).

177. Pietro Bonaventuri Trapassi, que grecizou seu nome para Metastásio (1698-1782), foi uma das principais figuras da poesia lírica e trágica italiana do século XVIII, celebrizando-se já com o seu primeiro drama, *Dido Abandonada*, o qual serviu de libreto a numerosos compositores. Poeta da corte de Viena, compôs cantatas, oratórios, serenatas e vinte e seis melodramas, sendo um dos renovadores da ópera lírica e o criador da arieta, o poema curto desti-

Eu – Como assim, será que Quinault, La Motte, Fontenelle[178] não entenderam nada disso?

Ele – Não, quanto ao novo estilo. Não há seis versos seguidos em seus encantadores poemas que se possa musicar. São sentenças engenhosas; madrigais ligeiros, ternos e delicados; mas para saber o quanto isso é vazio de recursos para a nossa arte, o mais violento deles, sem excetuar o de Demóstenes, mandai recitar esses trechos, vereis o quanto eles vos parecerão frios, languescentes, monótonos. É que não há nada aí que possa servir de modelo ao canto. Eu gostaria mais de musicar as *Maximes* de La Rochefoucauld ou os *Pensées* de Pascal. É ao grito animal da paixão que cabe nos ditar a linha que nos convém. Cumpre que essas expressões fiquem prensadas umas sobre as outras; cumpre que a frase seja curta; que o seu sentido seja cortado, suspenso; que o músico possa dispor do todo e de cada uma de suas partes; omitir uma palavra, ou repeti-la; acrescentar uma que lhe falte; virá-la e revirá-la, como um pólipo, sem destruí-la; o que torna a poesia lírica francesa muito mais difícil do que nas línguas com inversões, que apresentam, por si próprias, todas estas vantagens... *Barbares, cruel, plonge ton poignard dans mon sein. Me voilà prête à recevoir le coup fatal. Frappe. Ose... Ah!, je languis, je meurs... Un feu secret s'allume dans mes sens... Cruel amour, qui veux-tu de moi?... Laisse-moi la douce paix dont j'ai joui... Rends-moi la raison...*[179] (Bárbaro, cruel, crava teu punhal em meu seio. Eis-me aqui, pronta a receber o golpe fatal. Golpeia. Ousa... Ah!, enlanguesço, morro... Um fogo secreto se acende em meus sentidos...

nado ao canto. Seus textos inspiraram grandes compositores como Gluck, Händel, Haydn e Mozart, entre outros, e sua obra conquistou a admiração de Diderot e Rousseau.

178. Philippe Quinault, (1635-1688), dramaturgo, autor de dezesseis tragédias e libretista de Lulli. Antoine Houdard de La Motte, (1672-1731), escreveu tragédias e libretos para tragédias líricas e balés. Bernard Le Bovier de Fontenelle, ver n. 88.

179. O Sobrinho utiliza dois extratos da *Fedra*, (II, 5 e I, 3), de Racine, para exemplificar o acento passional, quase melodramático, que lhe parece ser necessário à expressão musical da tragédia lírica.

Cruel amor, o que queres de mim?... Deixa-me a doce paz que desfrutei... Devolve-me a razão...). É preciso que as paixões sejam fortes; a ternura dos músicos e do poeta lírico deve ser extrema. A ária é quase sempre a peroração da cena. Precisamos de exclamações, interjeições, suspensões, interrupções, afirmações e negações; chamamos, invocamos, gritamos, gememos, choramos, rimos francamente. Nada de espírito, nada de epigramas, nada de pensamentos bonitos. Tudo isto está demasiado longe da simples natureza. Agora, não ides crer que o jogo dos atores de teatro e suas declamações possam nos servir de modelo. Qual o quê! Precisamos que seja mais enérgico, menos amaneirado, mais verdadeiro. Os discursos simples, as vozes comuns da paixão, nos são tanto mais necessários quanto mais monótona for a língua, quanto menos acento tiver. O grito animal ou do homem apaixonado dá-lhes isto".

Enquanto ele assim me falava, a multidão que nos cercava, ou não entendendo nada ou sentindo pouco interesse no que ele dizia, porque em geral a criança como o homem, e o homem como a criança, preferem divertir-se a instruir-se, retirara-se; cada qual voltou ao seu jogo, e nós ficamos a sós em nosso canto. Sentado em uma banqueta, a cabeça apoiada na parede, os braços pendentes, os olhos semicerrados, ele me disse: "Não sei o que tenho; quando vim para cá, estava bem e disposto, e eis-me agora moído e alquebrado, como se eu tivesse andado dez léguas. Isso me pegou de repente.

EU – Quereis refrescar-vos?

ELE – De bom grado. Sinto-me enrouquecido. Faltam-me as forças; e sofro um pouco do peito. Isso me acontece quase todos os dias, algo assim, sem que eu saiba por quê.

EU – O que desejais?

ELE – O que vos aprouver. Não sou uma pessoa difícil. A indigência me ensinou a me acomodar a tudo".

Servem-nos cerveja, limonada. Ele encheu um grande copo que esvaziou duas ou três vezes seguidas. Depois, como um homem reanimado, tosse com força, sacode-se e recomeça:

"Mas, em vossa opinião, senhor filósofo, não é uma bizarria bastante estranha que um estrangeiro, um italiano, um Douni nos venha ensinar a dar realce à nossa música, a sujeitar nosso canto a todos os movimentos, a todos os compassos, a todos os intervalos, a todas as declamações, sem ferir a prosódia. O que não era, no entanto, um bicho-de-sete-cabeças. Quem quer que tenha ouvido um mendigo pedir-lhe uma esmola na rua, um homem no transporte da cólera, uma mulher ciumenta e furiosa, um amante desesperado, um adulador, sim, um adulador adocicando o tom, arrastando as sílabas, com uma voz melosa; em uma palavra, uma paixão não importa qual, contanto que por sua energia merecesse servir de modelo ao músico, deveria ter percebido duas coisas: uma, que as sílabas, longas ou breves, não têm nenhuma duração fixa, nem mesmo uma relação determinada entre suas durações; que a paixão dispõe da prosódia quase como lhe apraz; que ela executa os maiores intervalos, e que aquele que brada no auge da dor: 'Ah, infeliz que eu sou!', eleva a sílaba da exclamação ao tom mais alto e mais agudo, e desce as outras aos tons mais graves e mais baixos, fazendo a oitava ou mesmo um intervalo maior, e dando a cada som a quantidade que convém ao torneio da melodia; sem que o ouvido seja ofendido, sem que a sílaba longa nem a sílaba breve tenham conservado o comprimento ou a brevidade do discurso tranqüilo. Que caminho percorremos desde o tempo em que citávamos o parêntese da *Armide: le vainqueur de Renaud, si quelqu'un le peut être*[180], (Armide: o Vencedor de Renaud, se Alguém pode Sê-lo), do *Obéissons sans balancer* (Obedeçamos sem Vacilar), das *Indes galantes*[181], como prodígios de declamação musical! Hoje, tais prodígios me fazem dar de ombros, de piedade. No ritmo em que a arte avança, não sei onde ela vai acabar. Enquanto esperamos, bebamos um trago".

Ele bebeu dois, três, sem saber o que fazia. Ia se afogar, como se houvesse se extenuado sem se aperceber disso, se eu não tivesse mudado o lugar da garrafa que ele procurava distraído. Então eu lhe disse:

180. Ária de Armide, na ópera do mesmo nome, composta por Lulli, com libreto de Quinault.

181. Em *Les Indes galantes*, de Rameau, ária de Huascar.

EU – Como é possível que com um tato tão fino, com uma tão grande sensibilidade para as belezas da arte musical, vós sejais tão cego para as belas coisas na moral, tão insensível aos encantos da virtude?

ELE – É aparentemente porque há para elas um sentido que eu não tenho, uma fibra que não me foi dada de modo algum, uma fibra frouxa que não adianta beliscar e que não vibra; ou talvez porque sempre vivi com bons músicos e pessoas más; daí aconteceu que o meu ouvido se tornou muito fino, e que o meu coração se tornou muito surdo. E depois é que há também alguma coisa da raça. O sangue de meu pai e o sangue de meu tio é o mesmo sangue. O meu sangue é o mesmo que o de meu pai. A molécula paterna deve ter sido dura e obtusa, e esta maldita primeira molécula assimilou todo o resto.

EU – Amais vosso filho?

ELE – Se amo o pequeno diabrete? Sou louco por ele.

EU – Será que não deveríeis vos ocupar seriamente de deter nele o efeito da maldita molécula paterna?

ELE – Eu trabalharia nesse sentido, creio que inutilmente. Se ele estiver destinado a tornar-se um homem de bem, não o prejudicaria. Mas se a molécula quiser que ele seja um patife como o pai, os esforços que teria despendido para fazer dele um homem honrado, ser-lhe-iam muito prejudiciais; com a educação cruzando incessantemente a propensão da molécula, ele seria puxado como que por duas forças contrárias, e caminharia de viés na estrada da vida, como vejo uma infinidade deles fazê-lo, igualmente canhestros no bem e no mal; é o que nós chamamos de *espèces*[182], de todos os epítetos o mais temível, porque marca a mediocridade e o último grau de desprezo. Um grande pulha é um grande pulha, mas não é de maneira nenhuma um *espèce*. Antes que a molécula paterna tivesse retomado a dianteira e o tivesse levado à perfeita abjeção em que me encontro, ele precisaria de um tempo infinito e perderia os seus mais belos anos. Nada faço a este respeito no presente momento. Eu o

182. Ver n. 142.

deixo crescer. Examino-o. Ele já é guloso, finório, trapaceiro, preguiçoso e mentiroso. Creio realmente que ele saia aos seus.

EU – E vós fareis dele um músico, a fim de que nada falte à semelhança?

ELE – Um músico! Um músico! Algumas vezes olho para ele, rangendo os dentes, e digo: "Se tu devesses jamais saber uma nota, creio que eu te torceria o pescoço".

EU – E por que isso, se vos apraz?

ELE – Porque isso não leva a nada.

EU – Leva a tudo.

ELE – Sim, quando se é excelente; mas quem é que pode esperar de seu filho que ele há de ser excelente? Há dez mil contra um que ele será apenas um miserável arranhador de cordas como eu. Sabeis vós que seria talvez mais fácil descobrir uma criança capaz de governar um reino, ser um grande rei, do que um grande violinista.

EU – Parece-me que os talentos agradáveis, mesmo medíocres, em um povo sem costumes, perdido no deboche e no luxo, adiantam rapidamente um homem no caminho da fortuna. Eu que vos falo, ouvi a seguinte conversação entre uma espécie de protetor e uma espécie de protegido[183]. Este se havia dirigido ao primeiro, como a um homem obsequioso que poderia servi-lo. "Senhor, o que sabeis vós? – Conheço passavelmente as matemáticas. – Pois bem, senhor, ensinai as matemáticas; depois de vos enlamear dez a doze anos nas calçadas de Paris, tereis trezentas a quatrocentas libras de renda. – Eu estudei as leis e sou versado em direito. – Se Puffendorf e Grotius[184] retornassem ao

183. A passagem reproduz uma conversa de Diderot com o músico alsaciano Antoine Bemetzrieder, (1747-1817), professor de cravo de Angélique, a filha do Enciclopedista.

184. Samuel von Puffendorf, barão, (1632-1694), jurista e historiador alemão, professor em Heidelberg, autor do clássico *De jure naturae et gentium* (Do Direito da Natureza e das Gentes, 1672), obra em que leva à frente as teses de seu mestre Grotius e a doutrina do direito natural sobre bases racionais; marcante foi também *De officio hominis et civis* (Do Dever dos Homens e dos Cidadãos, 1673), cuja influência sobre Rousseau se mostrou significativa; cabe assinalar ainda que, a convite, exerceu na Suécia a função de secretário de

mundo, morreriam de fome, diante de um limite intransponível. – Sei muito bem história e geografia. – Se houvesse pais que tomassem a peito a boa educação de seus filhos, vossa fortuna estaria feita; porém não os há. – Sou muito bom músico. – E por que não dissestes isto antes? E para vos mostrar o partido que se pode tirar desse último talento, tenho uma filha. Vinde todos os dias de sete e meia da noite às nove horas; vós lhe dareis lições, e eu vos darei vinte e cinco luíses por ano. Tereis almoço, jantar, merenda e ceia conosco. O resto de vosso dia vos pertencerá; disporeis dele a vosso proveito".

Ele – E deste homem, o que foi feito?

Eu – Se fosse sensato, teria feito fortuna, a única coisa que tendes em vista.

Ele – Sem dúvida. Ouro, ouro. O ouro é tudo; e o resto, sem o ouro, não é nada. Por isso, em vez de lhe encher a cabeça com belas máximas, que lhe cumpriria esquecer, sob o risco de se tornar apenas um miserável; quando possuo um luís, o que não me acontece amiúde, planto-me diante dele. Tiro a moeda do bolso. Mostro-a com admiração. Levanto os olhos ao céu. Beijo o luís diante dele. E para fazê-lo entender melhor ainda a importância da peça sagrada, balbucio com voz de quem implora; designo-lhe com o dedo tudo o que se pode adquirir com ela, um bonito avental de criança[185], um lindo gorro, um bom biscoito. Em seguida meto a moeda no bolso. Passeio orgulhosamente; levanto a aba de meu casaco; bato com a mão na algibeira; e é assim que o faço compreender que é do luís que ali está que nasce a segurança que ele vê em mim.

Eu – Não se pode fazer nada melhor. Mas se ocorresse que, profundamente compenetrado do valor do luís, um dia...

Ele – Compreendo-vos. Cumpre fechar os olhos a esse respeito. Não há nenhum princípio de moral que não tenha seu

Estado e, como historiógrafo, compôs aí o *De rebus suecicis* (História da Suécia, 1686). Hugo de Groot ou Grotius, (1583-1645), jurista e diplomata holandês, cultivou o direito natural e, com o *De jure belliac pacis* (Do Direito da Paz e da Guerra, 1625) foi um dos fundadores do direito internacional público.

185. Roupa justa e reta, de criança.

inconveniente. No pior dos casos, será um mau quarto de hora, e tudo estará acabado.

Eu – Mesmo com pontos de vista tão corajosos e tão sensatos, persisto em crer que seria bom fazer dele um músico. Não conheço meio de se aproximar mais rapidamente dos grandes, de servir a seus vícios e tirar proveito dos seus próprios.

Ele – É verdade; mas tenho projetos para um sucesso mais rápido e mais seguro. Ah!, se fosse uma filha! Mas como não se faz o que se quer, é preciso pegar o que vem; tirar daí o melhor partido; e em troca, não dar estupidamente, como a maioria dos pais que não fariam nada pior, se houvessem refletido sobre a infelicidade de seus filhos, a educação de lacedemônio a uma criança destinada a viver em Paris. Se ela é má, a culpa é dos costumes de nossa nação, e não minha. Responda-me quem puder. Quero que meu filho seja feliz; ou, o que dá no mesmo, honrado, rico e poderoso. Conheço um pouco as vias mais fáceis para chegar a este fim; e eu irei ensiná-las ao meu filho desde cedo. Se vós outros, sábios, me condenardes, a multidão e o sucesso me absolverão. Ele terá ouro; sou eu quem vos digo. Se tiver muito, nada lhe faltará, nem mesmo a vossa estima e o vosso respeito.

Eu – Poderíeis estar enganado.

Ele – Ou ele os dispensará, como muitos outros.

Havia nisto muitas dessas coisas que se pensa, segundo as quais a gente se conduz, mas que não se diz. Eis, em verdade, a diferença mais marcante entre o meu homem e a maioria dos que nos cercam. Ele confessava os vícios que tinha, que os outros também têm; mas não era hipócrita. Não era nem mais nem menos abominável do que eles; era somente mais franco e mais conseqüente; e por vezes mais profundo em sua depravação. Eu tremia de pensar no que seu filho se tornaria com semelhante mestre. É certo que, com idéias de instituição tão estritamente calcadas sobre os nossos costumes, ele devia ir longe, a menos que fosse prematuramente detido no caminho.

Ele – Ha!, não temais nada, me disse ele. O ponto importante, o ponto difícil ao qual o bom pai deve sobretudo ater-se, não é dar ao filho vícios que o enriqueçam, ridículos que o tornem precioso aos grandes; isso todo mundo faz, se não de maneira sistemática como eu, ao menos pelo exemplo e pela lição; mas assinalar-lhe a justa medida, a arte de esquivar-se à vergonha, à desonra e às leis; são dissonâncias na harmonia social que é preciso saber situar, preparar e salvar. Nada é mais insípido do que uma série de acordes perfeitos. É preciso alguma coisa que espicace, que separe o feixe e que disperse os raios.

Eu – Muito bem. Por essa comparação, vós me reconduzis dos costumes à música da qual me havia apartado a contragosto; e eu vos agradeço; pois, para falar a verdade, eu vos aprecio mais como músico do que como moralista.

Ele – No entanto, sou bem subalterno em música, e bem superior em moral.

Eu – Duvido; mas ainda que fosse, sou um homem direito e vossos princípios não são os meus.

Ele – Tanto pior para vós. Ah!, tivesse eu os vossos talentos.

Eu – Deixemos os meus talentos e voltemos aos vossos.

Ele – Soubesse eu exprimir-me como vós. Mas tenho um diabo de linguagem extravagante, metade do estilo das pessoas do grande mundo e das letras e metade do da gente do mercado.

Eu – Falo mal. Sei dizer apenas a verdade, e isso nem sempre convém, como vós sabeis.

Ele – Mas não é para dizer a verdade; ao contrário, é para dizer bem a mentira que ambiciono vosso talento. Se eu soubesse escrever, engalanar um livro, tornear uma epístola dedicatória, embriagar bem um tolo com seu mérito, insinuar-me junto às mulheres.

Eu – E no tocante a tudo isso, vós o sabeis mil vezes melhor do que eu. Eu não seria nem mesmo digno de ser vosso discípulo.

Ele – Quantas grandes qualidades perdidas, e cujo preço vós ignorais!

Eu – Colho o que semeio.

Ele – Se assim fosse, vós não teríeis esse fraque grosseiro, essa véstia de estamenha[186], essas meias de lã, esses sapatos grossos e essa peruca velha.

186. Tecido de lã leve e fino que servia também como filtro.

Eu – De acordo. É preciso ser muito desastrado, quando não se é rico, e quando nos permitimos tudo para vir a sê-lo. Mas é que há pessoas como eu que não consideram a riqueza como a coisa mais preciosa do mundo; gente bizarra.

Ele – Muito bizarra. Não se nasce com esse jeito. Nós no-lo damos; pois ele não pertence à natureza.

Eu – Do homem?

Ele – Do homem. Tudo o que vive, sem o excetuar, procura o bem-estar a expensas de quem o possuir; e estou certo de que, se eu deixasse vir o selvagenzinho, sem nada lhe dizer, ele quereria ser ricamente vestido, esplendidamente alimentado, querido pelos homens, amado pelas mulheres e reunir em volta de si todas as venturas da vida.

Eu – Se o selvagenzinho fosse abandonado a si mesmo, se ele conservasse toda a sua imbecilidade e se reunisse ao pouco de razão da criança no berço, a violência das paixões do homem de trinta anos, ele torceria o pescoço de seu pai e dormiria com sua mãe.

Ele – Isso prova a necessidade de uma boa educação; e quem é que a contesta? E o que é uma boa educação, senão aquela que conduz a toda sorte de prazeres, sem perigo e sem inconveniente?

Eu – Pouco falta para que eu seja de sua opinião; mas guardemo-nos de nos explicar.

Ele – Por quê?

Eu – Porque receio que estejamos de acordo apenas na aparência; e que, se entrarmos na discussão dos perigos e dos inconvenientes a evitar, nós não mais nos entenderemos.

Ele – E o que tem isso?

Eu – Deixemos isso eu vos digo. O que sei a respeito, eu não conseguirei vos ensinar; e vós me instruireis mais facilmente sobre o que eu ignoro e que vós sabeis em música. Caro Rameau, falemos de música, e dizei-me como aconteceu que com a facilidade de sentir, de reter e de executar os mais belos trechos dos grandes mestres; com o entusiasmo que eles vos inspiram e que vós transmitis aos outros, vós não tenhais feito nada que valha.

Em vez de me responder, ele se pôs a menear a cabeça, e levantando o dedo para o céu, acrescentou: "E o astro! O astro! Quando a natureza fez Leo, Vinci, Pergolese, Douni[187], ela sorriu. Tomou um ar imponente e grave, ao formar o meu caro tio Rameau, que terá sido chamado durante uma dezena de anos o grande Rameau, e de quem bem depressa não se falará mais. Quando ela maquinou o sobrinho dele, fez uma careta, depois outra careta, e depois outra careta ainda"; e dizendo essas palavras, fazia toda espécie de esofares com o rosto; era o desprezo, o desdém, a ironia; e parecia modelar entre os dedos um pedaço de massa, e sorrir das formas ridículas que lhe dava. Feito isso, jogou o pagode heteróclito longe de si; e disse: "É assim que ela me fez e me jogou, ao lado de outros pagodes, uns de grandes ventres encarquilhados, pescoços curtos, grandes olhos fora das órbitas, apoplécticos; outros, de pescoços oblíquos; havia uns secos, de olho vivo, nariz adunco; todos se puseram a estourar de rir, ao me ver; e eu, a pôr meus dois punhos sobre os lados e a estourar de riso, ao vê-los; pois os tolos e os loucos se divertem uns com os outros; eles se procuram, se atraem.

Se, ao chegar lá, eu não tivesse encontrado já pronto o provérbio que diz que "o dinheiro dos tolos é o patrimônio das pessoas de espírito", ele me seria devido. Senti que a natureza havia colocado o meu legítimo[188] quinhão de herança na bolsa dos pagodes, e inventei mil maneiras de me ressarcir disso".

Eu – Conheço esses meios; vós me falastes deles, e eu os admirei muito. Mas, entre tantos recursos, por que não haver tentado o recurso de uma bela obra?

187. Leonardo Ortensio Salvatore, chamado Leo, (1694-1741), compositor da escola napolitana, autor de músicas sacras e óperas. Leonardo Vinci, (1690-1732), sucessor de Scarlatti como diretor da capela real de Nápoles; compôs trinta e três óperas, duas missas e dois oratórios, foi professor de Pergolese, mas só obteve maior reconhecimento após a morte. Pergolese, ver n. 153 e n. 154. Douni, ver n. 147.

188. Em francês *ma legitime*, expressão que designa a parte inalienável de uma herança que cabe aos filhos, mesmo quando deserdados pelo pai ou pela mãe.

Ele – Essa conversa é a de um homem de sociedade com o abade Le Blanc... [189] O abade dizia: 'A marquesa de Pompadour[190] me toma pela mão; me leva até o limiar da Academia; ali, ela retira a mão. Eu caio e quebro as duas pernas...' O homem de sociedade lhe responde: 'Pois bem abade, é preciso levantar-se e arrombar a porta com uma cabeçada...' O abade replicou-lhe: 'Foi o que tentei; e sabeis o que me rendeu: um galo na testa'.

Depois desta historieta, meu homem se põe a andar de cabeça baixa. O ar pensativo e abatido; suspirava, chorava, desolava-se, levantava as mãos e os olhos, batia na cabeça com o punho, a ponto de quase quebrar a testa ou os dedos, e acrescentava: "Parece-me que há, no entanto, alguma coisa aí; mas, em vão eu bato, sacudo, não sai nada". Depois recomeçava a sacudir a cabeça e a bater-se na testa com mais força, e dizia: "Ou não há ninguém, ou não querem responder".

Um instante depois, assumiu um ar altivo, ergueu a cabeça, pousou a mão direita sobre o coração; caminhava e dizia: "Eu sinto, sim, eu sinto". Arremedava o homem que se irrita, que se indigna, que se enternece, que comanda, que suplica, e pronunciava sem preparação, discursos de cólera, de comiseração, de ódio, de amor; esboçava os caracteres das paixões com uma finura e uma verdade surpreendentes. Depois acrescentava: "É isto, creio. Eis que a coisa vem; eis o que é encontrar um parteiro que sabe irritar, precipitar as dores e fazer sair a criança; a sós, pego da pena; quero escrever. Rôo as unhas, gasto a cabeça. Seu criado; boa noite; o deus está ausente; eu me havia persuadido de que tinha gênio; ao final da linha, leio que sou um tolo, um tolo, um tolo. Mas o meio de sentir, de elevar-se, de pensar,

189. Ver n. 120.

190. Jeanne-Antoinette Poisson, marquesa de Pompadour, (1721-1764), filha natural de um contratador geral de impostos, Lenormand de Tournehem; desposou um sobrinho deste último, também contratador, Lenormand d'Étioles. Mulher de grandes atrativos, chamou a atenção de Luís XV, que a tornou sua favorita e a fez marquesa, duquesa e dama de honor da rainha. Nesta condição, exerceu forte influência na vida política interna e externa da França, distinguindo-se também, já por suas qualidades de espírito, como interessada nas artes e nas letras, sendo protetora dos Filósofos e da *Encyclopédie*.

de pintar fortemente, freqüentando pessoas tais como as que se deve ver para viver; em meio das conversas que se têm, e daqueles que se ouve, e deste mexerico: 'Hoje, o *boulevard*[191] estava encantador. Ouvistes a marmotinha[192]? Ela representa admiravelmente. O senhor fulano tinha a mais bela parelha tordilha que se possa imaginar. A bela senhora sicrana começa a fanar. Será que aos quarenta e cinco anos pode-se usar um penteado como aquele? A jovem beltrano está coberta de diamantes que não lhe custaram nada. – Quereis dizer que lhe custam caro? – Não mesmo. – Onde a vistes? – No *Enfant d'arlequin perdu et retrouvé*[193] (Filho de Arlequim Perdido e Reencontrado). A cena de desespero foi interpretada como nunca havia sido. O Polichinelo da Feira[194] tem garganta, mas nenhuma finura, nem alma. A senhora de tal deu à luz dois filhos ao mesmo tempo. Cada pai tem o seu...' E vós credes que isto dito, redito e ouvido todos os dias, anima e conduz às grandes coisas?

Eu – Não. Mais valeria trancar-se no sótão, beber água, comer pão seco, e buscar-se a si mesmo.

191. No lugar da antiga muralha ao norte de Paris foram abertos, em meados do século XVIII, novos *boulevards*, em que se tornou de moda passear.

192. Em francês *la petite marmotte*: expressão então corrente para designar jovens camponesas saboianas, de lenço amarrado no queixo e com as pontas viradas para trás, que faziam apresentações de marmotas; mas o Sobrinho de Rameau, usando o termo ironicamente, alude aqui a uma peça de grande sucesso na época, a comédia-equívoco de Favart, *La soirée des boulevards*, na qual a Sra. Favart, no papel de Madame Bontour, disfarçada de saboiana, isto é, *marmotte*, representa o papel de uma mulher que deseja surpreender as infidelidades amorosas de seu marido.

193. Adaptação da comédia de Goldoni, *O Filho de Arlequim*, que foi representada em 1761, por Zanuzzi, na Comédie-Italienne, e cujo êxito atraiu o dramaturgo a Paris.

194. Derivado do *Pulcinella* da *Commedia dell'Arte*, no século XVIIII era representado na Feira de Saint-Laurent por um ator das *troupes* de bufões que deambulavam pela França. Sob o nome de Polichinelo, a figura corcunda, de nariz adunco e vermelho, ricamente trajada, com chapéu de dois bicos, torna-se também um títere consagrado do teatro de bonecos.

ELE – Talvez; mas não tenho a coragem; e depois sacrificar a felicidade por um sucesso incerto. E o nome que trago, então? Rameau! Chamar-se Rameau é um estorvo. Não há talentos como da nobreza que se transmitam e cuja distinção aumente ao passar do avô ao pai, do pai ao filho, do filho ao neto, sem que o avoengo imponha qualquer mérito ao descendente. O velho cepo se ramifica em um enorme caule de tolos; mas o que importa? Não é assim com o talento. Para obter apenas o renome do pai, é preciso ser mais hábil do que ele. É preciso ter-lhe herdado a fibra. Faltou-me a fibra, mas o punho se desentorpeceu; o arco desliza e a panela está cheia. Se não é a glória, é pelo menos a sopa.

EU – Em vosso lugar, não me daria por vencido; eu tentaria.

ELE – E credes que eu não tenha tentado? Ainda não tinha quinze anos quando me disse a mim mesmo, pela primeira vez: O que tens Rameau? Tu sonhas. E com o que sonhas? Que gostarias de ter feito ou fazer qualquer coisa que provocasse a admiração do universo. Eh!, sim; basta soprar e mexer os dedos. Basta orlar o bico e será uma pata[195]. Em idade mais avançada, repeti o dito de minha infância. Hoje, eu ainda o repito; e continuo em volta da estátua de Memnon[196].

EU – O que quereis dizer com vossa estátua de Memnon?

ELE – Isso se compreende, parece-me. Em volta da estátua de Memnon havia uma infinidade de outras igualmente batidas pelos raios do sol; mas a dele era a única que ressoava. Um poeta, é Voltaire; e além dele, quem mais? Voltaire; e o terceiro, Voltaire; e o quarto, Voltaire. Um músico, é Rinaldo da Cápua; é Hasse; é Pergolese; é Alberti; é Tartini; é Locatelli; é Terradoglias;

195. Parte de um dito que zomba das pessoas ansiosas para ver o fim de qualquer tarefa.

196. Da mitologia grega, filho de Titonos e Eos (Aurora), teria comandado as forças etíopes que combateram os gregos no cerco de Tróia, sendo morto por Aquiles. Quis a tradição que uma enorme estátua de Amenôfis, erigida nas proximidades de Tebas, no Egito, fosse de Memnon, e que, antes de ter sido destruída em parte por um terremoto, ela emitia sons harmoniosos, ao nascer do sol, como se o filho saudasse sua mãe, a Aurora.

é o meu tio; é o pequeno Douni[197], que não tem nem cara nem figura; mas que sente, com mil demônios, que tem canto e expressão. O resto, em torno desse pequeno número de Memnons, outro tanto de pares de orelhas cravados na ponta de um bastão. Por isso nós somos miseráveis, tão miseráveis que chega a ser uma bênção. Ah!, senhor filósofo, a miséria é uma coisa terrível. Eu a vejo acocorada, a bocarra escancarada, para receber algumas gotas de água gelada que escapam do tonel das Danaidas[198]. Não sei se ela aguça o espírito do filósofo, mas esfria diabolicamente a cabeça do poeta. Não se canta bem sob esse tonel. Demasiado feliz é ainda aquele que se pode colocar aí. Eu estava lá; e não soube me manter lá. Eu já havia feito essa bobagem uma vez. Viajei pela Boêmia, pela Alemanha, pela Suíça, pela Holanda, pela Flandres; até onde o diabo perdeu as botas[199].

Eu – Sob o tonel furado.

Ele – Sob o tonel furado; era um judeu opulento e perdulário que gostava de minha música e minhas loucuras. Eu musicava, como aprazia a Deus; eu me fazia de louco; nada me

197. Rinaldo da Cápua, (1715-1780), compositor italiano de música sacra e profana, autor de uma vintena de óperas e de dois intermédios que a troupe dos Bufões interpretava com muito sucesso em Paris, entre 1752 e 1753. Hasse, ver. n. 176. Pergolese, ver n. 153 e n. 154. Alberti, ver n. 60. Giuseppe Tartini, (1629-1770), violinista virtuose e compositor, autor de concertos para violino, sonatas e peças sacras, escreveu um tratado de música que foi criticado, na França, por Rousseau. Locatelli, ver n. 57. Terradoglias, ver n. 176. Duni, ver n. 147.

198. Na mitologia grega, as cinqüenta filhas de Dânao. Este prometera dá-las em casamento aos cinqüenta filhos de seu irmão gêmeo, Egito, com quem, no entanto, se desaveio, tendo de fugir de Tebas para Argos, onde se tornou rei. Por causa dessa cizânia e da predição de um oráculo, segundo o qual seria morto por um de seus genros, instou as filhas a degolar os primos e noivos na noite de núpcias. Elas assim o fizeram, exceto uma, Hipermnestra, que poupou o seu marido, e por esse crime elas foram condenadas no Hades a tentar, em vão e para sempre, encher de água um tonel sem fundo. Ésquilo converteu esse mito na tragédia de *As Suplicantes*.

199. No original, *au diable, au verd*, deformação de uma locução *au diable veauvert*, proveniente de Vauvert, um castelo que a voz do povo dizia ser infestado de demônios.

faltava. Meu judeu era um homem que conhecia a sua lei e a observava com a rigidez de uma barra, às vezes com o amigo, sempre com o estranho. Fez um mau negócio que eu preciso vos contar, pois é divertido. Havia em Utrecht uma cortesã encantadora. Sentiu-se tentado pela cristã; enviou-lhe um lacaio disfarçado[200] com uma letra de câmbio bem polpuda. A bizarra criatura recusou a oferta. O judeu ficou desesperado. O lacaio lhe disse: 'Por que vos afligis assim? Quereis dormir com uma mulher bonita? Nada é mais fácil; e até dormir com uma mais formosa do que aquela que perseguis. É a minha mulher, que eu vos cederia pelo mesmo preço'. Dito e feito. O lacaio guardou a letra de câmbio, e o meu judeu dormiu com a mulher do lacaio. Chega o dia do vencimento da letra. O judeu a deixa protestar e alega que ela é falsa. Processo. O judeu dizia: 'Jamais esse homem ousará dizer a que título possui a minha letra, e eu não a pagarei'. Na audiência, ele interpela o lacaio: 'Esta letra de câmbio, de quem a recebestes? – De vós. – Foi por dinheiro emprestado? – Não. – Pelo fornecimento de mercadorias? – Não. – Por serviços prestados? – Não. Mas não se trata disso. Eu sou o portador. Vós assinastes o título e vós o resgatareis. – Eu não o assinei. – Sou, pois um falsário? – Vós ou um outro de quem sois agente. – Eu sou um frouxo, mas vós sois um patife. Podeis crer, não me aperteis ao extremo. Contarei tudo. Eu me desonrarei, mas vos levarei à perdição...' O judeu não levou na devida conta a ameaça; e o lacaio revelou todo o negócio na sessão seguinte. Ambos foram censurados; e o judeu condenado a pagar a letra cujo valor foi aplicado em benefício dos pobres. Então me separei dele[201]. Voltei para cá. O que fazer? Pois cumpria perecer de miséria, ou fazer alguma coisa. Passou-me pela

200. No original francês, *grison*, ou seja, um lacaio vestido de roupa cinzenta para não chamar a atenção e poder executar missões secretas.

201. A anedota aqui narrada tem sua fonte num caso que Diderot descreve em sua *Voyage en Hollande* e seus protagonistas são um holandês cristão, Vanderveld, que se apaixona por uma cortesã, Sleephausen, dando origem às peripécias descritas no diálogo. Mas, ao inserir o episódio na fala do Sobrinho, o holandês é transformado em judeu. A transposição deve ter sido inspirada pelo fato de que Diderot, na seqüência de seu relato e na tentativa de mostrar

cabeça toda sorte de projetos. Um dia, eu partia na manhã seguinte para me lançar numa companhia de província, igualmente boa ou má para o teatro ou para a orquestra; na manhã do outro dia, pensava mandar que me pintasse um desses quadros presos a uma estaca que se coloca nas encruzilhadas, e de onde eu gritaria a plenos pulmões: 'Eis a cidade onde ele nasceu; ei-lo que se despede do pai boticário; ei-lo que chega à capital, procurando a morada de seu tio; ei-lo aos pés do tio que o enxota; ei-lo com um judeu etc. etc'. No dia seguinte levantava-me decidido a associar-me aos cantores de rua; não seria o que eu teria feito de pior; iríamos dar concerto sob as janelas de meu querido tio que morreria de raiva por isso. Tomei outro partido".

Aí, ele se deteve, passando sucessivamente da atitude de um homem que segura um violino, apertando as cordas com a força do braço, à de um pobre diabo extenuado de fadiga, a quem faltam as forças, cujas pernas cambaleiam, prestes a expirar, se não lhe jogarem um pedaço de pão; designava a sua extrema necessidade, pelo gesto de um dedo voltado para a boca entreaberta; e depois acrescentou: "Isto se entende. Jogavamme os restos. Nós os disputávamos, três ou quatro esfomeados que éramos; e depois pensai com grandeza; fazei belas coisas, em meio a semelhante desespero.

Eu – É difícil.

Ele – De escorregão em escorregão, vim tombar aí. Estava como um peixe na água. Saí. Era preciso de novo arranhar as cordas[202], e voltar ao gesto do dedo apontado para a boca escancarada. Nada é estável neste mundo. Hoje no topo, amanhã debaixo da roda. Circunstâncias malditas nos conduzem; e nos conduzem muito mal".

quão eficiente era a polícia batava na coibição dos atentados às boas normas, acrescenta como reforço que um judeu, seu amigo, Isaac Pinto, também teria estado às voltas duas ou três vezes com o bailio, por outras razões. Assim sendo, com a supressão do nome, não pareceu ao Enciclopedista haver mal em fazer a sua personagem atribuir a maliciosa ação a costas tão bem adaptadas a tal fim, pela boca do povo e pela voz do preconceito...

202. No original, *scier le boyau*, lit. "serrar as tripas", isto é, tocar o violino cujas cordas eram feitas de tripa.

Depois, bebendo de um trago o que restava no fundo da garrafa e dirigindo-se ao vizinho: "Senhor, por caridade, uma pitadinha. Tendes aí uma bela caixa? Não sois músico?... – Não... – Tanto melhor para vós; pois são uns pobres trastes dignos de pena. A sorte quis que eu o fosse; ao passo que há, em Montmartre talvez, em um moinho, um moleiro, um ajudante de moleiro que jamais ouvira outra coisa senão o barulho da tramela do moinho, e que teria encontrado os mais belos cantos. Rameau, ao moinho! Ao moinho, é lá o teu lugar.

Eu – Seja ao que for que o homem se aplique, a Natureza a isto o destinou.

Ele – Mas ela comete estranhos equívocos. Quanto a mim, não me vejo desta altura onde tudo se confunde, o homem que poda uma árvore com a tesoura, a lagarta que rói a folha, e de onde se vêem apenas dois insetos diferentes, cada qual entregue ao seu dever. Empoleirai-vos no epiciclo de Mercúrio[203], e de lá distribui, se vos convier, e à imitação de Reaumur[204], a classe das moscas em costureiras, agrimensoras e ceifeiras, como ele, e vós, a espécie dos homens em marceneiros, carpinteiros, corredores, dançarinos e cantores, é vosso problema. Não me intrometo nele. Estou neste mundo e aqui permaneço. Mas se está na natureza ter apetite; pois é sempre ao apetite que retorno, sensação para mim sempre presente, acho que não é da boa ordem não se ter sempre o que comer. Que diabo de economia! De homens que regurgitam de tudo, enquanto outros que têm

203. Na astronomia ptolomaica, epiciclo é um círculo supostamente descrito por um astro em torno de um ponto, o qual, por sua vez, descreveria um outro círculo ao redor da Terra (deferente) ou, às vezes, em torno do centro de outro epiciclo. No texto, Diderot retoma em paráfrase o uso irônico que Montaigne faz, nos *Essais*, da metáfora, "Essas pessoas que se empoleiram, a cavalgar o epiciclo de Mercúrio...", dado o fato deste planeta ser o mais próximo do Sol.

204. Passagem que remete às *Mémoires pour servir à l'histoire des insectes*, uma descrição e nomeação das espécies de insetos composta entre 1734 e 1742 por Renée-Antoine Fershault de Réaumur, (1683-1757), entomologista e físico, a quem a Académie des Sciences incumbiu de escrever a *Description des divers arts et métiers*, cujas pranchas a *Encyclopédie* teria plagiado, segundo a acusação feita por Réaumur.

um estômago tão importuno como o deles, e não têm o que pôr entre os dentes. O pior é a postura constrangida em que a necessidade nos mantém. O homem necessitado não caminha como um outro; ele salta, rasteja, se contorce, se arrasta, passa a vida tomando e executando posições[205].

Eu – O que são as posições?

Ele – Ide perguntar a Noverre[206]. O mundo as oferece bem mais do que a sua arte pode imitar.

Eu – E eis também vós, para me servir de vossa expressão, ou da de Montaigne, "empoleirado no epiciclo de Mercúrio", a considerar as diferentes pantomimas da espécie humana.

Ele – Não, não, eu vos digo. Sou por demais pesado para subir tão alto. Deixo aos palermas a estada nos nevoeiros. Fico terra a terra. Olho ao meu redor; e tomo as minhas posições, ou me divirto com as posições que vejo os outros tomarem. Sou um excelente pantomimo, como vos ireis julgar".

Depois, põe-se a sorrir, a contrafazer o admirador, o suplicante, o complacente; tem o pé direito à frente, o esquerdo atrás, o dorso curvado, a cabeça erguida, o olhar fixado em outros olhos, a boca entreaberta, os braços estendidos para um objeto qualquer; aguarda uma ordem, recebe-a; parte como um raio; retorna, executou-a; presta contas. Está atento a tudo; apanha o que cai; coloca um travesseiro ou um tamborete sob os pés; segura um pires, aproxima uma cadeira, abre uma porta; fecha uma janela; corre as cortinas; observa o patrão e a patroa; fica imóvel, com os braços pendentes; as pernas paralelas; escuta; procura ler nos rostos; e acrescenta: "Eis a minha pantomima, mais ou menos como a dos aduladores, dos cortesãos, dos criados e dos mendigos".

205. No balé clássico, o termo se refere a cada uma das cinco posições diferentes do executante colocar os pés no chão.

206. Jean-Georges Noverre, (1727-1810), coreógrafo, mestre de balé do Opéra-Comique, escreveu as *Lettres sur la danse et les ballets*, 1759, obra em que propôs uma concepção nova e mais natural da arte da dança e multiplicou o número de posições tradicionais dos bailarinos. Dentre as centenas de bailados de sua autoria, *L'Amour corsaire* baseou-se nas personagens do *Fils naturel* de Diderot, de cujas idéias sobre a pantomima Noverre também partilhava.

As loucuras deste homem, os contos do abade Galiani[207], as extravagâncias de Rabelais fizeram-me às vezes sonhar profundamente. São três armazéns onde pude prover-me de máscaras ridículas que coloco sobre a face das mais graves personagens; e vejo Pantaleão[208] em um prelado, um sátiro em um presidente, um porco em um cenobita, um avestruz em um ministro, um ganso em seu primeiro oficial.

Eu – Mas por vosso cômputo, disse eu ao meu homem, há muitos miseráveis neste mundo; e eu não conheço ninguém que não saiba alguns passos de vossa dança.

Ele – Tendes razão. Não há em um reino inteiro senão um homem que anda, é o soberano. Todo o resto toma posição.

Eu – O soberano? Ainda há alguma coisa a dizer? E acreditais que ele não encontre, de tempos em tempos, ao seu lado, um pezinho, um birotinho, um narizinho que não o levem a fazer um pouco de pantomima? Quem quer que tenha necessidade de outrem é indigente e toma posição. O rei toma uma posição diante de sua amante e diante de Deus; faz seu passo de pantomima. O ministro faz o passo de cortesão, de bajulador, de criado ou de mendigo perante seu rei. A multidão de ambiciosos dança vossas posições, em cem modos mais vis uns que os outros, diante do ministro. O abade de alta condição, com peitilho de renda e capa comprida, o faz perante o depositário da folha de benefícios[209], ao menos uma vez por semana. Por minha fé, aquilo que denominais a pantomima dos miseráveis é a

207. Fedinando Galiani, (1728-1787), abade, diplomata, economista e filósofo, cognominado cavaleiro de Zanobi e chamado por seus íntimos de "il Machiavellino" ou "o abadezinho"; foi secretário da embaixada de Nápoles em Paris, de 1759 a 1769, amigo de Grimm, da Sra. d'Epinay e de Diderot, o qual publicou seus *Dialogues sur le commerce des blés*, quando este especialista no comércio de grãos e adversário dos Fisiocratas, foi chamado de volta à Itália, para a consternação de seu largo círculo de amizades.

208. *Pantalone*, em italiano, tipo e máscara da *Commedia dell'Arte*, médico, velho, avarento, libidinoso, cheio de manias, cuja vestimenta característica são as calças compridas e de boca larga, isto é, pantalonas.

209. Diferentes espécies de ofícios eclesiásticos aos quais era vinculada uma certa renda para realizar os serviços religiosos.

grande ciranda da terra[210]. Cada um tem sua pequena Hus e seu Bertin.

ELE – Isso me consola.

Mas, enquanto eu falava, ele arremedava, a morrer de rir, as posições das personagens que eu nomeava; por exemplo, para o abadezinho, segurava o chapéu debaixo do braço e o breviário na mão esquerda; e com a direita levantava a cauda da capa; adiantava a cabeça um pouco inclinada sobre o ombro, com os olhos baixos, imitando tão perfeitamente o hipócrita que julguei ver o autor das *Réfutations*[211] perante o bispo de Orléans[212]. Para os aduladores, para os ambiciosos, punha-se de barriga no chão. Era Bouret[213], no Controle Geral das Finanças.

EU – Isso foi soberbamente executado, disse-lhe eu. Há, todavia, um ser dispensado da pantomima. É o filósofo que nada tem e que nada pede.

ELE – E onde está esse animal? Se nada tem, ele sofre; se nada solicita, nada obterá, e sofrerá sempre.

EU – Não. Diógenes zombava das necessidades.

ELE – Mas é preciso estar vestido.

EU – Não. Ele andava completamente nu.

ELE – Às vezes fazia frio em Atenas.

EU – Menos do que aqui.

ELE – Comia-se lá.

EU – Sem dúvida.

ELE – Às custas de quem?

EU – Da natureza. A quem recorre o selvagem? À terra, aos animais, aos peixes, às árvore, às ervas, às raízes, aos regatos.

210. No original, *le grand branle*: dança de roda, ciranda, em que os participantes, em grande número, se dão as mãos ao som de uma melodia conhecida.

211. Obra atribuída por muitos a Gabriel Gauchat, (1710-1774), abade, amigo do cônego de Langres, o abade Diderot, autor de *Analyse et réfutation de divers écrits modernes contre la religion* (9 vols.) que ataca o *Pensées philosophiques*, do Enciclopedista.

212. Louis-Sextus Jarente de La Bruyère. (1706-1788), bispo de Digne e, depois de Orléans, depositário da folha de benefícios.

213. Ver n. 105 e 106.

ELE – Mesa pobre.

EU – Ela é grande.

ELE – Porém mal servida.

EU – No entanto é a que a gente desfalca para cobrir as nossas.

ELE – Mas haveis de convir que a indústria de nossos cozinheiros, pasteleiros, mestres dos assados, donos de casas de pasto, confeiteiros, acrescenta-lhe um pouco do seu. Com a dieta austera de vosso Diógenes, ele não deveria ter órgãos muito indóceis.

EU – Estais enganado. O hábito do Cínico era outrora o nosso hábito monástico com a mesma virtude. Os cínicos eram os carmelitas e os franciscanos de Atenas.

ELE – Eu vos pego nessa. Diógenes também dançou, pois, a pantomima; se não perante Péricles, ao menos diante de Lais ou de Frinéia.

EU – Enganai-vos ainda. Os outros compravam bem caro a cortesã que a ele se entregava por prazer.

ELE – Mas se acontecesse de a cortesã estar ocupada e o cínico apressado?

EU – Ele reentrava em seu tonel e prescindia dela.

ELE – E vós me aconselharíeis a imitá-lo?

EU – Quero morrer se isto não valesse mais a pena do que rastejar, aviltar-se e prostituir-se.

ELE – Mas eu preciso de uma boa cama, boa mesa, uma roupa quente no inverno; roupa fresca, no verão; repouso, dinheiro, e muitas outras coisas, que prefiro dever à benevolência, mais do que a adquiri-las pelo trabalho.

EU – É que vós sois um vadio, um glutão, um frouxo e tendes uma alma de lama.

ELE – Creio que eu mesmo vô-lo disse.

EU – As coisas da vida têm um preço, sem dúvida; mas vós ignorais o do sacrifício que fazeis para obtê-las. Vós dançais, dançastes e continuareis a dançar a vil pantomima.

ELE – É verdade. Mas isso me custou pouco e hoje não me custa mais nada. E por esta razão é que eu faria mal em tomar uma outra atitude que me penalizaria e que eu não conservaria.

Mas vejo, pelo que acabais de me dizer aí, que a minha pobre mulherzinha[214] era uma espécie de filósofo. Possuía a coragem de um leão. Faltava-nos às vezes o pão e não tínhamos um soldo. Havíamos vendido quase todas as nossas farpelas. Eu me atirara sobre os pés de nossa cama, ali eu quebrava a cabeça em busca de alguém que me emprestasse um escudo que eu não lhe devolveria. Ela, alegre como um passarinho, sentava-se ao cravo, cantava e se acompanhava. Era uma garganta de rouxinol, lamento que não a tenhais ouvido. Quando eu participava de algum concerto, eu a levava comigo. No caminho eu lhe dizia: "Vamos, senhora, fazei-vos admirar; exibi vosso talento e vossos encantos. Enlevai. Perturbai". Chegávamos; ela cantava, enlevava, perturbava. Ai de mim, eu a perdi, a pobrezinha. Além de seu talento, tinha uma boca onde apenas cabia a ponta do dedo mindinho; dentes, uma fieira de pérolas; olhos, pés, pele, faces, seios, pernas de gazela, coxas e nádegas a modelar. Teria conquistado, cedo ou tarde, o Contratador Geral do reino, pelo menos. Era um andar, umas ancas! Ah!, Deus, que ancas!

Depois, ei-lo que se põe a imitar o andar de sua mulher; caminhava a passos miúdos, com a cabeça erguida, ao vento; fingia usar o leque; requebrava as ancas; era a mais divertida e a mais ridícula caricatura de nossas coquetezinhas.

Depois, retomando a seqüência de seu discurso, acrescentou:

"Eu a levava a passeio por toda parte, às Tulherias, ao Palais-Royal, aos Bulevares. Era impossível que ela permanecesse comigo. Quando atravessava a rua, de manhã, cabelos soltos, e numa blusa curta e leve, vós teríeis parado para vê-la,

214. Trata-se de Ursule-Nicole-Félix Fruchet (1733-1761), filha de um mestre alfaiate, que se casou em 1757 com o sobrinho de Rameau e lhe deu dois filhos, morrendo muito jovem. Seu marido, Jean-François Rameau, (1716-1777), filho de Claude-François, organista da catedral de Saint-Bénigne, da cidade de Dijon, foi soldado, depois seminarista durante um ano e, por fim, músico em Paris, onde gozou da proteção de Bertin de Blagny. Adepto das Luzes, na arte musical era partidário da maneira francesa e da de seu tio, opondo-se à escola italiana. Escreveu peças para cravo e um minueto, além de paródias dos Filósofos e uma epopéia burlesca, da qual seu famoso parente era o herói. Preso em 1769 por má conduta, ficou detido num mosteiro em que, seguindo o provérbio do diabo convertido em ermitão, se tornou piedoso...

e a teríeis abraçado entre quatro dedos, sem apertá-la. Os que a seguiam, que a olhavam trotar com seus pezinhos; e que mediam aquelas largas ancas cuja forma as saias ligeiras desenhavam, apressavam o passo; ela os deixava chegar; depois voltava lestamente para eles seus dois grandes olhos negros e brilhantes que os detinham de imediato. É que o anverso da medalha não estragava o reverso. Mas, ai de mim, eu a perdi; e minhas esperanças de fortuna desvaneceram-se todas com ela. Eu a escolhera só para isso, eu lhe confiara meus projetos; e ela era demasiado sagaz para não perceber quão certos eles eram, e tinha juízo demais para não aprová-los".

E depois eis que soluça e chora, dizendo:

"Não, não, nunca me consolarei. Depois, tomei o hábito e o solidéu.

Eu – De dor?

Ele – Se quereis. Mas na verdade, para ter minha escudela sobre a cabeça... Mas vede que horas são, pois é preciso que eu vá à Ópera.

Eu – O que é que estão levando?

Ele – Dauvergne[215]. Há muita coisa bela na sua música; é pena que ele não tenha sido o primeiro a dizê-las. Entre estes mortos, há sempre alguns que desolam os vivos. O que quereis? *Quisque suos patimur manes*[216].

Mas são cinco e meia[217]. Ouço os sinos que tocam as vésperas do abade de Canaye[218] e as minhas. Adeus, senhor filósofo. Não é verdade que sou sempre o mesmo?

215. Antoine Dauvergne, (1713-1797), violinista, compositor de óperas cômicas, tragédias líricas e sonatas, diretor do Opéra em 1769. Sua linguagem musical constituiu uma tentativa de conciliar as formas da tradição francesa e as novidades italianas na composição. No texto, a referência é à ópera *Hercule mourant*, levada com muito sucesso em 1761.

216. "Devemos todos suportar os castigos que merecemos", *Enêida*, VI, 743.

217. O espetáculo na Opéra começava às seis horas da tarde e às cinco e meia soava o sino da abertura dos portões, que se podia escutar no Café de la Régence.

218. Etienne de Canaye, (1694-1782), abade, oratoriano, amigo de Diderot e d'Alembert, membro da Académie des Inscriptions e Belles Lettres, historiador, amante das óperas.

Eu – Por infelicidade, sim, desgraçadamente!

Ele – Que eu tenha esta desgraça aí somente por uns quarenta anos ainda. Rirá melhor quem rir por último".

E. C. Fréron, diretor do *L'Année littéraire*, em gravura de Ch. E. Gaucher, a partir de desenho de C. N. Cochin.

II. Diderot em Linha de Tiro*

*. Para que se tenha uma idéia da atmosfera intelectual e das controvérsias que ponteiam esse universo em que brilham os Filósofos, mas também as reações e contestações às suas audácias filosóficas, ideológicas e literárias, a carta endereçada a Malesherbes, o protetor e censor de Diderot, por Fréron, adversário feroz dos Enciclopedistas e de sua postura e, ao mesmo tempo, um dos fundadores da moderna crítica literária, afigura-se de extremo interesse, quer pelo que diz, quer pelo que sugere. Daí a inserção nessa edição de *O Sobrinho de Rameau,* esta obra-prima do dialogismo diderotiano no qual ele discute e polemiza não só com seus opositores, mas também com ele próprio, pondo em confronto algumas das questões mais sensíveis e mais críticas do pensamento, da arte, da moral, dos costumes, da sociedade e dos protagonistas maiores e menores do Século das Luzes, inclusive em céus e infernos em que o brilho de suas estrelas mal consegue chegar ou se vê encoberto pelas trevas.

Diderot, por J.-V. Dupin, dito Dupin Filho, a partir de busto de J.-B. Greuze.

FRÉRON A MALESHERBES

Paris, segunda-feira, 21 de março de 1757

Senhor.

Disseram-me que vós desejaríeis que eu me tornasse amigo do Sr. Diderot, e que uma outra pessoa altamente colocada, que não me nomearam, tinha igualmente a peito essa reunião. Sou demasiado cioso, Senhor, de fazer qualquer coisa que possa vos ser agradável para ter por um instante hesitado sobre o partido que eu tinha a tomar. Eu me havia vestido para ir vos dar conta quarta-feira última dos meus sentimentos, quando meu livreiro mandou me dizer que vós estáveis em sua casa. Corri até lá, cheguei, e já havíeis partido. Mandei suspender imediatamente na tipografia o artigo sobre o *Fils naturel*, do qual tinham impresso dezesseis páginas. Foi-me preciso substituir esse artigo considerável que me custou mais de oito dias, e que teria ocupado mais de duas folhas de impressão. Velei dia e noite para preencher esse vazio, e para que minha folha aparecesse no tempo marcado; apesar disso ela será retardada de quatro ou cinco dias. Esse trabalho extraordinário não me permitiu, Senhor, ir vos fazer minha corte, nem vos escrever mais cedo. Tomo o primeiro momento que tenho livre para vos comunicar algumas reflexões sobre isso que desejais de mim.

A associação do Sr. Diderot com pessoas que não procuraram e não procuram ainda senão me prejudicar; com pessoas que envidaram todos os seus esforços para me excluir da Academia de Nancy, e para me privar da proteção de que me honra o rei da Polônia, duque de Lorena; com pessoas que fizeram com que me tirassem o jornal estrangeiro para dá-lo a um certo pequeno de Laire que não possui outro mérito senão o de ser o crupiê deles e que se é obrigado a agradecer, porque seiscentos subscritores desistiram e porque se perde [outros] todos os dias desde que ele é encarregado desse trabalho; com pessoas que fizeram com que me metessem na Bastilha, irritando secretamente contra mim o ministro de uma Corte estrangeira que não havia prestado nenhuma atenção ao artigo de minhas folhas, do qual se queixou apenas três semanas depois que esse artigo tinha aparecido; com pessoas que responderam às críticas que fiz a suas obras por um grosso volume de injúrias que ditaram a um outro fulano que ninguém conhecia, e a quem deram cópia de uma carta abominável do conde de Tressan, que ele talvez jamais escreveu, ou ao menos que não havia escrito com a intenção que foi impressa; com pessoas que me fecham todas as vias para as recompensas literárias que creio merecer tanto quanto elas pelo menos; que me desonram no mundo por mil infames calúnias, e que, se pudessem, me perderiam como la Motte e Saurin perderam o grande Rousseau; com pessoas enfim que puseram tudo em ação para vos indispor contra mim, e que chegaram talvez a vos dar de minha maneira de pensar idéias falsas e injuriosas. Ao menos tive algumas vezes motivo para temê-lo pelos discursos que eles vos atribuíram a meu respeito e por alguns reproches, vagos na verdade, que me fizestes, aos quais fui extremamente sensível: eu vos confesso, Senhor, que a união do Sr. Diderot com semelhantes pessoas não me deram uma idéia muito favorável da bondade de seu caráter, nem mesmo, ouso dizê-lo, de sua probidade; eu teria mui naturalmente concluído que ele participava de suas perfídias, se pessoas dignas de fé não me houvessem assegurado que ele era incapaz de entrar nesses meneios odiosos que desonram as letras, e que as perderão cedo ou tarde. Distingui, portanto, o Sr. Diderot daqueles com quem ele tem a desgraça de [conviver], jamais lhe quis mal pessoalmente; faço algum caso de seu espírito e de seus conhecimentos, e creio que é um homem muito fino pelo que me disseram dele.

Mas, embora eu não seja seu inimigo, embora eu tenha mesmo a disposição de tornar-me seu amigo, não posso vos dissimular, Senhor, que temo essa ligação. O Sr. Diderot e seus adeptos são inovadores muito perigosos em matéria de literatura e de gosto, para falar apenas desses objetos, os únicos que são de minha competência; é sobre eles principalmente que devem cair os dardos da crítica, porque eles contam com o favor de um certo público, e porque suas faltas, seus erros, têm conseqüências mais perniciosas do que os dos Chevriers, dos Mailhols, dos la Morlières etc. Ninguém se interessa mais vivamente do que vós, Senhor, pelos progressos das luzes humanas e pela manutenção do bom gosto, e ouso vos responder que se se deixa agir o Sr. Diderot e seus similares, quer as letras quer o gosto serão aniquilados na França dentro de dez anos. Se o Sr. Diderot estivesse tão isolado quanto eu estou, se ele não se prendesse a nenhuma seita, a nenhuma cabala, eu experimentaria mais prazer do que pena em nos unir; mas ele é chefe de um grande corpo; ele está à testa de um grupo numeroso que pulula e se multiplica todos os dias à força de intrigas. Ele me pedirá incessantemente para poupar seus amigos, seus confrades, seus admiradores; não poderei falar nem da *Enciclopédia*, nem de nenhum enciclopedista; será necessário me interditar, quanto às minhas folhas, tanto esse Dicionário como as obras de mais de cem escritores, talvez, que nos inundarão inteiramente à vontade com seus delírios filosóficos, isto é, Senhor, que eu me absteria de dar conta dos escritos que mais se prestam à censura, e a respeito dos quais o público sensato espera de mim que eu levante os defeitos. O que é que me restará para as minhas folhas? Maus versos e romances rasteiros; não mais valerá quase a pena que eu trabalhe.

Permiti-me, Senhor, de vos fazer observar ainda que seja bastante singular que fosse escolhido para nos aproximar, o Sr. Diderot e eu, o momento em que ele vem de dar a público uma obra. Não é necessário ter a vista muito longa para ver que o Sr. Diderot visa a Academia Francesa, e que aqueles que lhe querem bem receiam com razão que eu demonstre (como creio tê-lo feito) que seu *Fils naturel*, a única obra do gênero da Academia, que ele escreveu, é uma peça detestável. Eis, Senhor, ao menos pelo que presumo, o nó do caso. Eu apostaria quase que é um artifício inventado por alguns enciclopedistas. Eles sentiram perfeitamente que sois demasiado justo, Senhor, para me proibir de falar do *Fils naturel*.

O que fizeram eles?. Imaginaram tornar-me amigo passageiro do Sr. Diderot, unicamente para não levar a ridículo sua comédia, [estando] bem determinados, depois que tiverem obtido o que desejam para o momento, a rir de minha simplicidade de haver caído nessa armadilha. Terão talvez mesmo a insolência de me dar a entender, se não o dizem abertamente, que sabem me fazer calar quando bem lhes parecer. Logo que o Sr. Diderot for recebido pela Academia, estou persuadido de que me abandonarão; mas é importante que ele seja admitido, e uma crítica bem feita na qual se provasse invencivelmente que o *Fils naturel* é contra o bom senso e o bom gosto, não apressaria sua recepção. Julgai vós mesmos, Senhor, se devo estar muito lisonjeado com os motivos interessados que fazem com que se procure a minha amizade, ou antes, o meu silêncio.

Asseguraram-me que o Sr. Diderot ignorava as demarches que se pretendia realmente fazer para nos tornar amigos. Quando for informado, poderá ofender-se com isso, desaprová-las mesmo. A filosofia moderna é orgulhosa. Ele pensará ou pelo menos os seus associados não deixarão de espalhar entre o público que eu teria dado os primeiros passos. Eles me atribuirão uma covardia à qual eu jamais me rebaixaria: eu não temo nem o Sr. Diderot nem qualquer desses senhores; não invejo nem seus talentos, creio tê-los tantos quantos eles se dão; nem a fortuna deles, sei passar sem ela; nem as suas honras literárias, elas são lisonjeiras apenas quando a gente as merece; nem a consideração de que desfrutam, ela é muito equívoca.

Mas se esses senhores querem sinceramente a paz, quais são as condições que eles colocam para isso? Cumpre que duas partes contratantes encontrem uma vantagem quase igual em um tratado. Que eles me façam tanto de bem, quanto me fizeram de mal. Eles quiseram fazer com que me expulsassem de uma Academia; que eles façam com que me recebam na Academia Francesa, eu me gabo de ter bastante mérito para ocupar nela um lugar; eu julgo isso por eles próprios; eles me fizeram perder oito mil francos por ano, que me renderia o jornal estrangeiro; que me façam dar pensões ou interesses em negócios que me tragam a mesma renda. Então eu poderia consentir em uma acomodação; então eu me comprometeria, não a falar bem de suas obras, mas a não falar nada daquelas que fossem tão más quanto o *Fils naturel*. Mas em vão eu seria amigo deles; estou bem seguro, Senhor, que eles não me amariam mais; os devotos e os autores jamais perdoam; todo o fruto dessa *reconciliação ambígua* seria para eles; eu não ganharia nada com isso; ao contrário, eu perderia; minhas folhas se tornariam mais desinteressantes; o público se queixaria, e eu me veria reduzido ao tolo personagem do otário; assim, Senhor, levando tudo em conta, valeria mais para o interesse das letras, para o do público, e para o meu, que permanecêssemos como estamos.

De resto, Senhor, isso que acabo de dizer das condições de um tratado de paz entre as potências filosóficas e as potências críticas, não é senão uma brincadeira. Basta que vós desejeis que nós vivamos em bom entendimento, o Sr. Diderot e eu, para que eu me preste a isso de bom grado, como já tive a honra de vos dizer. Tudo o que ambiciono é que estejais persuadido de que é em consideração a vós somente que meu coração se resolve a receber sentimentos inteiramente novos para ele, e que eu vos faço o maior sacrifício que fiz em minha vida na qualidade de homem de letras. Não exijo nenhum retorno do Sr. Diderot; fico em demasia compensado se tiver a ventura de vos agradar. Ele pode, portanto, continuar a inserir no seu Dicionário todos os sarcasmos que lhe serão fornecidos contra mim. Epigramas enterradas em um in-fólio não me ferem quase. Tenho um pouco mais de bom jogo; não há nenhuma paridade entre pequenas folhas, miseráveis na verdade, mas que todo mundo lê, e um grosso Dicionário muito bonito, muito erudito, muito sublime, mas que a gente quando muito se limita a consultar de tempo em tempo.

Como eu li, Senhor, a várias pessoas o extrato do *Fils naturel* à medida que eu o fazia e como o público espera vê-lo nas minhas folhas, eu não sei o que responderei quando me perguntarem por que não faço nenhuma menção a ele. Pode ainda acontecer que alguém a quem se tiver contado por acaso a maneira que eu me vali para analisar essa obra, adote essa maneira e se sirva dela para uma crítica particular. Eu ficaria desesperado com isso; vós poderíeis pensar, Senhor, que eu teria mandado imprimir clandestinamente o artigo que não teria de modo algum aparecido em minhas folhas. Esta idéia me aflige, e não crede, Senhor, que eu disso vos previno aqui por política para me colocar de antemão ao abrigo da suspeita. Sou incapaz dessas manobras indignas; a franqueza e a boa fé formam meu caráter. Empenho a minha palavra de honra mais autêntica e mais solene de que uma só linha do que escrevi sobre o *Fils naturel* não aparecerá ao público com minha aprovação.

Tudo isso me entristece e me embaraça, Senhor; eu tomo a liberdade de vos pedir o vosso conselho sobre a conduta que devo ter. Se quiserdes ter a bondade de me indicar um dia e uma hora em que eu possa ter a honra de vos ver, eu me colocarei às vossas ordens.

Sou, com um profundo respeito,
Senhor,
Vosso mui humilde e mui obediente servidor.
Fréron

III. Álbum

O Sobrinho, gravura de Wille, 1883.

O Sobrinho de Rameau, gravura anônima, 1821.

Rameau's Neffe.

Ein Dialog
von Diderot.

Aus dem Manuskript übersetzt
und
mit Anmerkungen begleitet
von Goethe.

Leipzig,
bey G. J. Göschen, 1805.

Página de rosto da primeira edição francesa de *O Sobrinho de Rameau*, retraduzida do alemão, de 1821.

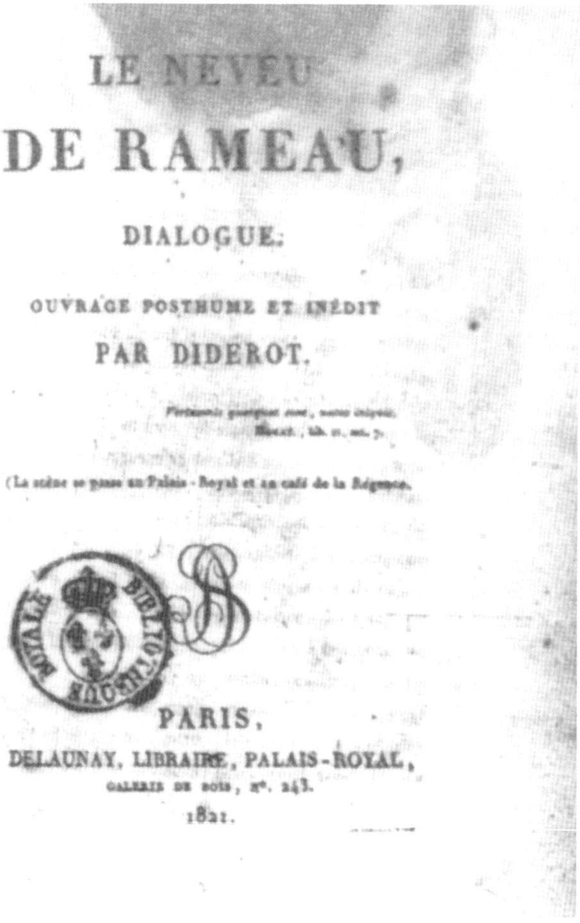

LE NEVEU

DE RAMEAU,

DIALOGUE;

OUVRAGE POSTHUME ET INÉDIT

PAR DIDEROT.

(La scène se passe au Palais-Royal et au café de la Régence.)

PARIS,

DELAUNAY, LIBRAIRE, PALAIS-ROYAL,

GALERIE DE BOIS, N°. 243.

1821.

Página de rosto da primeira edição alemã de *O Sobrinho de Rameau*, traduzida por Goethe, de 1805.

2

ROMANCE de Mr. Rameaux le Neveu.
N° 3.

BARTHOLOME'E.

AIR. *Romance de* M. *Rameau le neveu.* N°. 3.

Puis-je me flatter d'être aimée,
Il croit mon cœur
Rempli d'une autre ardeur;
Il pense que je suis charmée
De ce Tuteur
Qui me fut en horreur.
A ce tiran
Dans un instant
Il rend Bartholomée;
D'un œil indifferent,
L'inconstant
Voit mon éloignement.

FATIME.

Et moi je n'en crois rien.

Le Calendriers de Vieillards, ópera cômica de Rameau, o sobrinho.

Les Philosophes du siècle, copla de Bertin e Palissot, música de Rameau, o sobrinho.

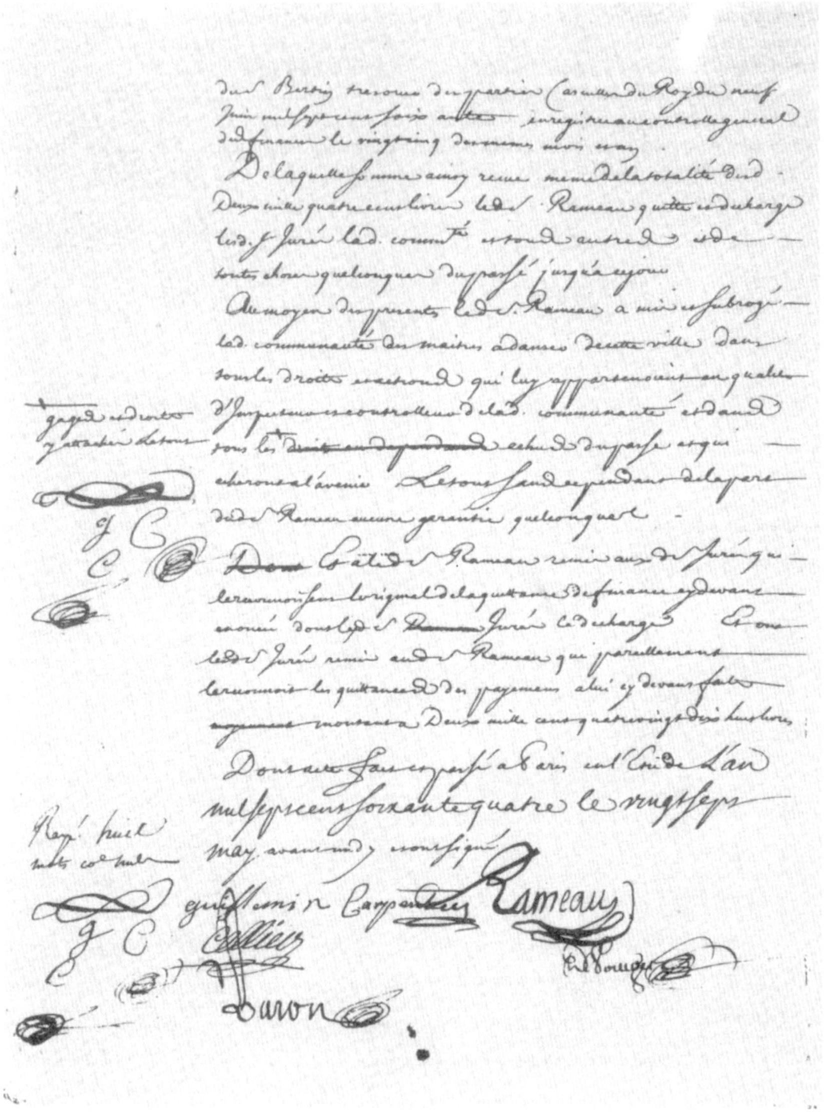

Última folha do documento de *Quitação de Venda* com a assinatura de Jean François Rameau, o sobrinho, de 27 de maio de 1764.

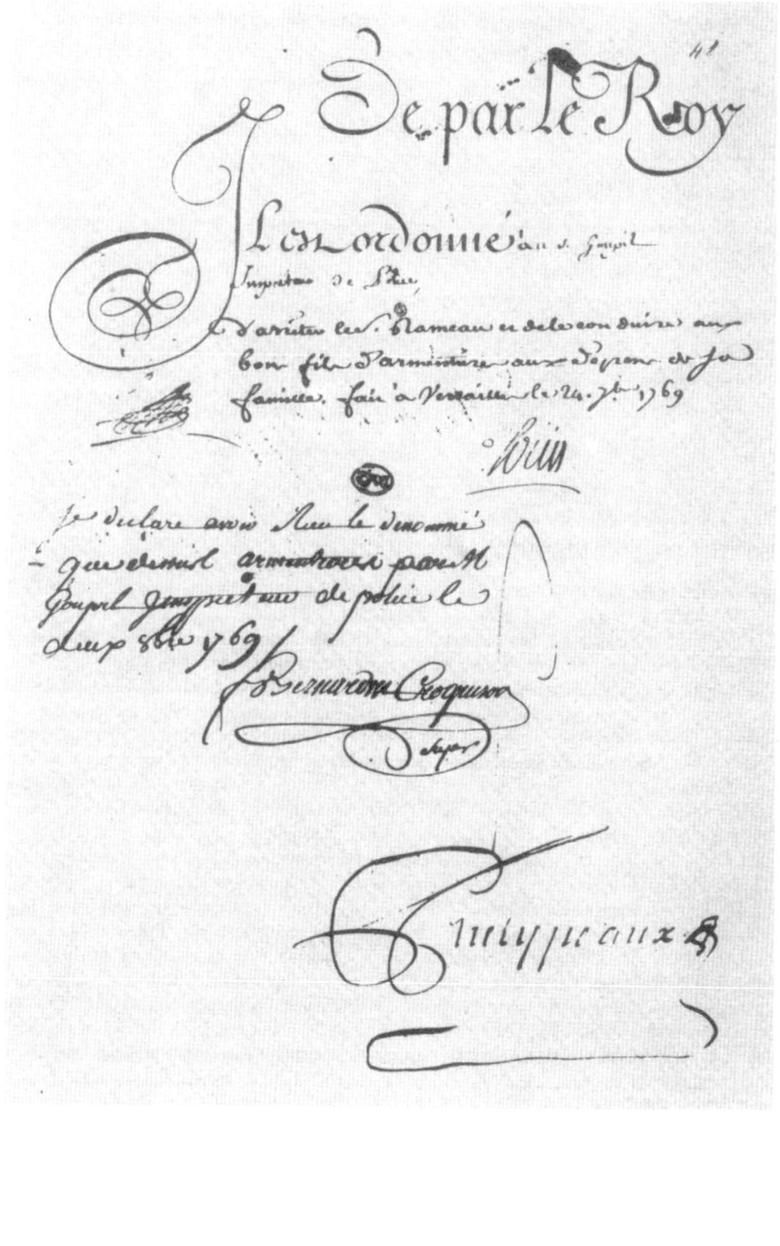

Mandato de Prisão contra Rameau, o sobrinho, de 24 de setembro de 1769.

Atestado de Óbito de Jean François Rameau, o sobrinho, de 7 de fevereiro de 1777.

O músico Jean-Philippe Rameau, o tio. Óleo sobre tela atribuído a Aved.

"Oh! Deus, que traseiro!" Madame Rameau. Gravura de F. A. Milius, 1884.

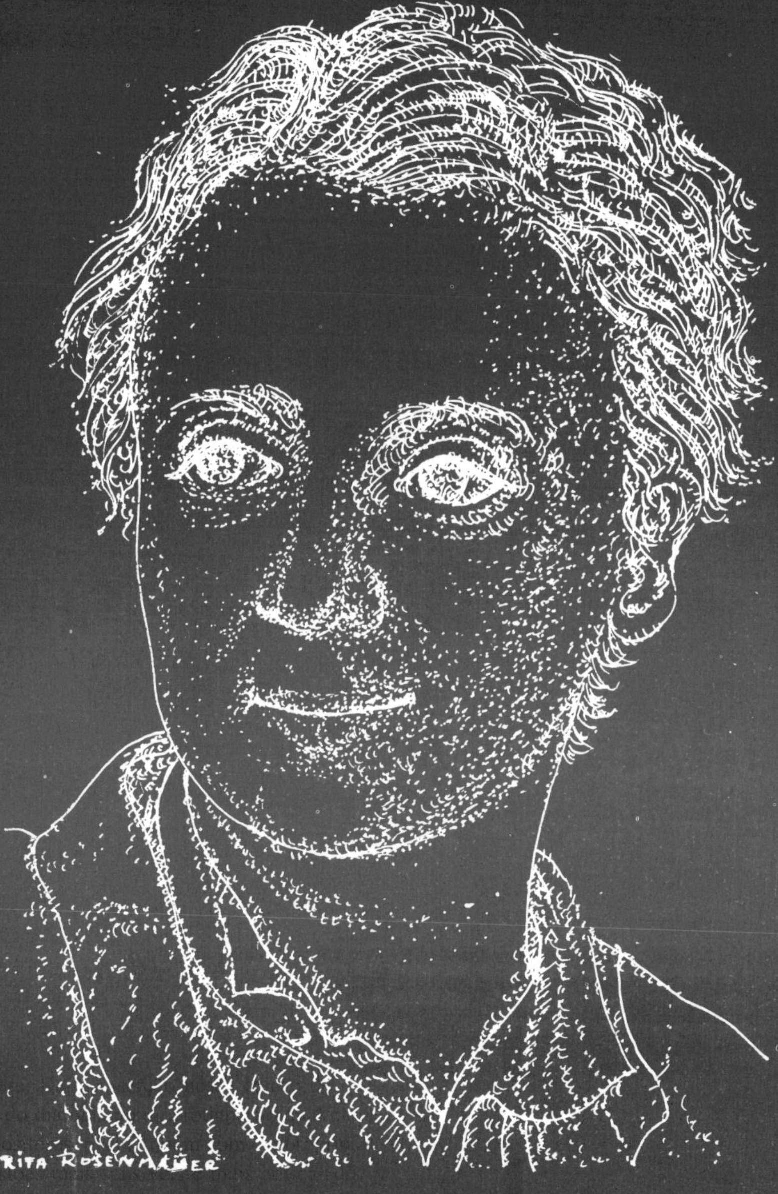
RITA ROSENMAYER

Este livro foi impresso na
LIS GRÁFICA E EDITORA LTDA.
Rua Felício Antonio Alves, 370 – Bonsucesso
CEP 07175-450 – Guarulhos – SP – Fax.: (11) 6436-1538
Fone. (11) 6436-1000 – e-mail: lisgrafica@lisgrafica.com.br